护卫童真

做最好的小学教师

周 蕾 李文熙 周 华／主编

华中科技大学出版社
http://press.hust.edu.cn
中国·武汉

图书在版编目(CIP)数据

护卫童真：做最好的小学教师 / 周蕾，李文熙，周华主编.
—武汉：华中科技大学出版社，2023.8
ISBN 978-7-5680-9530-3

Ⅰ.①护… Ⅱ.①周… ②李… ③周… Ⅲ.①小学教育－文集
Ⅳ.①G62-53

中国国家版本馆CIP数据核字（2023）第090143号

护卫童真：做最好的小学教师
　　　　　　　　　　　　　　　周蕾　李文熙　周华　主编
Huwei Tongzhen: Zuo Zuihao De Xiaoxue Jiaoshi

策划编辑：娄志敏
责任编辑：章　红
封面设计：琥珀视觉
责任校对：张会军
责任监印：朱　玢
出版发行：华中科技大学出版社（中国·武汉）　　电话：（027）81321913
　　　　　武汉市东湖新技术开发区华工科技园　　邮编：430223
印　　刷：湖北新华印务有限公司
开　　本：880mm×1230mm　　1/32
印　　张：9
字　　数：190千字
版　　次：2023年8月第1版第1次印刷
定　　价：49.80元

因爱而美　因人而学

序

感佩这一颗颗赤子之心

翻开这本《护卫童真》，不由得回想起在武汉光谷十小和孩子们、老师们一起的时光。想起那些脸上带着微笑、眼中带着光芒，充满了教育热情的老师们；想起那些自由、放松、快乐的孩子们；还有校园里精心设计的角落，充满创意的布置……

我想，每所学校都有其独特的气质，而这所学校的老师，总能让我的脑海中冒出四个字——赤子之心。这一颗颗心是鲜活的，老师们用心恋着孩子、爱着教育；这一颗颗心也是纯真的，他们拥有孩子才具备的发现天真、发现美好的特殊能力。

书里有孩子们童真的故事：脱落的牙齿，会第一时间郑重地交给老师；因为舍不得即将离别的班主任，全班同学哭得死去活来……

书里更有老师们爱的教育与智慧——

为激发孩子们跳绳的兴趣和毅力，杜小琴老师发起了"挑战杜老师"的活动，越来越多的孩子爱上了跳绳……

面对来自单亲家庭不交作业的小冰，李兰兰老师独具慧眼地发现了孩子爱劳动的品质，细心呵护孩子的尊严，为他搭建展示的舞台，帮孩子找回自信。

为帮助每天哭诉想妈妈的"小哭包"妮妮，彭莹老师用心安慰、呵护，让孩子对老师由陌生到信任，最后被孩子脱口而出叫了一声"妈妈"。

还有李楠老师，一接手新班，就遭遇了"小调皮"的挑衅，第一次见面就来了句"老师，我讨厌你"，而智慧的李老师却用幽默的撒娇方式化解了尴尬。面对这个习惯搞破坏的小男生，李老师想了很多办法，最终帮孩子找到了自信——加入体育校队，让孩子在团队竞技中收获了责任心和成就感……

还有那位爱哭、爱生气、爱横躺在走廊上，只为引人关注的大个子"豆包"，在覃姗姗老师的温暖鼓励下，逐步变成了暖心的"小书虫"。

而面对屡犯"规则"的小轩，李万丹老师或耐心地倾听，或春风化雨般沟通，以心换心，锤炼出了"明察秋毫的教育敏感和化险为夷的教育智慧"。

我特别爱提一句话，教育不是工业，孩子们不是流水线上的零件。教育是农业，每个孩子都是独特、娇嫩但却生机无限的植物。他们需要阳光雨露，需要悉心栽培，而老师就是这用心的农人，在日复一日、年复一年的耕耘中，收获着孩子们不一样的成长。他们有各自的模样，各自的姿态，却都充满生命的力量。就像书中的一句话：所有的播种，总会在某一天你回头的时候，开出一朵朵花来。这正是我们所有的老师们期待的惊喜！

我一直认为，所有的教育智慧背后，一定有科学的儿童观，一定有贯穿教育始终的爱与尊重。教育的意义，就是启动孩子们内在的潜能，唤醒孩子们"在自己的季节绽放"；就是激励孩子们不断地去追求真、善、美，促进孩子的"精神种子"生长发育。

我舍不得错过每一篇文章，舍不得错过每一个爱的故事，很久没有过的感动一直围绕着我。期待更多的人能读到这些教育故事，更理解教育，理解儿童，理解这些尊重孩子、用心走进孩子心灵世界的老师们。

我相信，被"护卫过童真"的孩子们，才会对这个社会有更大的善意，对这个世界有更强的使命。

中国少年儿童新闻出版总社知心姐姐团队　祝薇

2023年6月8日

自序

写在前面的话

这是一本越编越薄的书，从100多篇删减至60余篇，去留选择间，是对教育的赤诚与敬畏。

这是一本越读越厚的书，60余个故事承载着师生成长，时光缝隙中，是护卫童真的积淀与绽放。

从萌生编印出版的想法到样书摆在我面前，我一直问自己，出这本书的意义是什么？

应该说，伴随光谷十小这所新校成长的大多数老师，有着和学校同龄的教龄，一群孩子教孩子，一群孩子写孩子，如果非要说这些故事和浩如烟海的教育故事有什么不同，我想，在于落笔的这些老师，没有站在师者神坛上，以游刃有余的智慧书写，他们走入学生中间，不小心弄丢一颗学生交付保管的牙齿，小心翼翼面对第一次家长会，走进学生家里去寻找作业收不上来的秘密，还有家校沟通中不小心发出的微信激起的一串回响。这些或尴尬或委屈或感动或紧张的瞬间，充满了成长的张力。

成长是什么？是若干年后，我们每一个人回看故事里的自己，都会发出会心一笑，会生出更多解决问题的智慧，但不会嘲笑那个在时间里历练的自己。

如果有幸，同为教师的您能读到这本书，也许能从中找到自己曾经的样子，和孩子"斗智斗勇"的样子，慌张、茫然又豁然开朗的样子，陪孩子探索、发现，一起成长的样子。如果能因此触动更多的同行者，用文字记录职业感悟，用心灵拥抱教育价值，那便是教育的幸事和美事。

如果有幸，家长愿意翻开这本书，是不是可以从这些朴实的故事中，看到师生校园生活的样态，知道教育的运转是怎样一回事，孩子的成长有哪些非人工干预的规律需要遵循？从师生互动中重新审视亲子关系，会发现，教育与被教育是社会赋予的职责，而亲子关系与师生关系最本质的连接是爱。

爱出于情感本能，是没有逻辑可以梳理的，但成长有迹可循。

光谷十小校园里有一首小诗："校园里落下一颗种子，叶是我的舒展，花是我的绽放。"以此为基点，我们把师生成长的故事，用"校园里落下一粒种子""风来，雨过，撑一把伞""等花，等叶，等你舒展""在自己的季节绽放"4个章节串联起来。以时间为轴，这粒种子，心怀"做最好的小学教师"这一理想，享受和风细雨，也承受狂风暴雨，秉持等花、等叶的耐心，在时代变迁中，敬畏儿童生命成长规律，遵循教育发展规律，从一粒种子到一朵花，绽放成自己喜欢的模样。

翻着编辑老师递给我的这本样书，正逢六年级毕业班的学生拿着课本笑嘻嘻请我签名，孩子们离开办公室，一时间喧闹抽空，留我在时光里惆怅。这一瞬间，我突然觉得，有些故事留下，有留下的意义，哪怕稚嫩，哪怕笨拙，但是真诚，所有真诚的故事铺展开，教师的年华就充满了色彩。

　　感谢华中科技大学出版社娄编辑不厌其烦地帮助修改细节，感谢祝薇老师的推荐，年轻老师们在教育路上有这样的鼓励者，很幸福。

周蕾

2023年6月

目 录
Contents

PART 1 | 校园里落下一粒种子 —————————

PART 2 ｜ 风来，雨过，撑一把伞 ——

PART 3 | 等花，等叶，等你舒展 ————

PART 4 | 在自己的季节绽放 ————

PART 1
校园里落下一粒种子

老师，我的牙齿呢？

文/吴硕

一年级的娃都是已满六周岁的孩子，正是换牙的高峰期，一咧开嘴，哪个都是缺了上门牙或下门牙，看到他们，我忍俊不禁！像看到我自己6岁的儿子，牙齿稀疏，已经有点美丑观念，想笑又强忍着不敢笑，憨憨的害羞着。

一天上午，第四节课是我的"道法"课，课间我提前进了教室，在电脑上调试PPT，童恬如这个非常惹人喜爱的小女孩跑到我跟前，上气不接下气地说："老师，我掉了一颗牙！"我吓了一跳，以为是课间游戏摔掉了。仔细一看，原来是牙齿自然脱落，嘴巴里也没有血，她也没有喊疼。我安慰她说："没事儿，掉牙说明你长大了。"没等我把话说完，她就把掉的那颗牙齿往我手里一塞，然后跑出去玩了。我有点莫名其妙，随手把那颗牙齿放到了靠近黑板的小讲桌上。

第四节下课了，我像往常一样收拾书、U盘，准备去食堂，童恬如急匆匆地跑到我跟前，小手一伸："老师，我的牙呢？我要带回家给妈妈看！"什么？她的牙？我竟然忘记这事了，我的脑袋里放电影般回想：刚刚我们正在上课，那个放牙的小讲桌被食堂阿姨收拾出来放孩子们中午的饭菜了，我迅速用眼睛扫视着，桌面很干净，只有放菜的盆子，我又假装找书本，端起盆子看下面，什么都没有，好尴尬！很可能她的牙齿像小粉笔头一样一起在阿姨擦桌子时被当垃圾丢到垃圾桶里去了。孩子纯真无邪的眼睛写满对我的信任和喜爱。我该怎么办？怎么办？急得满头大汗。此刻又不能离开去食堂问阿姨，估计问了也没结果。情急之下，我想起来我小时候掉牙，家里人说上牙丢水沟里，下牙丢堂屋屋顶上，牙齿就会长得快长得齐。于是我蹲下身子，拉着她的小手，一脸认真地说："恬如啊，老师看你掉的是上面的牙齿，就帮你扔到垃圾桶了，然后它会到下水道里，这样啊，你的新牙就会长得更快更齐。""啊，老师，你和我奶奶说的一样，可我妈妈看不到我掉的牙齿了。"她疑惑地望着我，我拍拍她的肩膀说："老师相信你的新牙会很快长出来的！"她失望地回座位了，不知怎么，我的脸一阵阵发热，汗珠也流了下来了。我悄悄离开教室，问了食堂的阿姨。阿姨一脸懵：没看到呀。又指了指教室外的大垃圾桶，小桌上有垃圾都会丢到外面的大垃圾桶。我趁他们午睡把大垃圾桶翻了个遍，又趁换垃圾袋把教室里的三个小垃圾桶提出去找，也没有看到，真犹如大海捞针啊！想着放学给她个惊喜，看来是给不了啦。

第二天，正好又有这个班的"道法"课。我走进教室，目光第一时间搜寻她，她看到我还像往常一样欢快地跑过，却开口问："老师，我的牙齿找到了吗？"难道她看到我翻垃圾桶了？我正犹豫该不该说实话，她又问："今天上什么课？"上什么课？我突发奇想：前不久上过一个课程《我换牙了》，PPT还在U盘里。于是，这节课我临时换成了《我换牙了》，用牙仙子的故事让她及其他孩子了解换牙的过程，知道换牙时的注意事项，体会换牙给自己带来的特殊感受，再引导他们分享换牙期所带来的成长喜悦和烦恼。上课时，我特意请童恬如分享换牙感受。她双眼闪烁着光芒，非常喜悦和骄傲地说："我已经掉了三颗牙，长出来两颗，牙仙子帮我保管掉下来的三颗牙。我很开心我长大了。"我悬着的心放下来，看来今天讲的牙仙子悄悄帮我们保管掉下的乳牙的故事，她相信了。又请了个男同学分享，他大大咧咧，满不在乎地说："掉牙没什么大不了，我掉了四颗牙，就是快掉不掉的时候吃东西疼，掉下来就好了，爸爸说我离男子汉又近了一步。"我表扬了小小男子汉，欣慰大家对换牙有了正确认识，又强调要让牙齿顺其自然地脱落，注意掉了的牙不要吞进肚里；请同学演示正确的刷牙方法，然后普及了保护牙齿的方法。下课我轻松很多，终于给了自己内心一个交代。

同时，我在心里暗暗发誓，再有哪个孩子的牙齿掉了，把牙齿交给我，我会很谨慎小心地用卫生纸包好，放进他的书包显眼的地方。也许，孩子换下的一颗牙齿，对我们繁忙的大人来说不值一提，但在孩子心中，那颗掉下的牙齿，是他们逐渐长大的见证啊！那颗可爱的心，值得我珍视，用心对待！

重新认识你

文/李兰兰

"老师，这是我们班的'道法'作业。"课代表将一叠作业轻轻地放在我的办公桌上。

"都收齐了吗？"

"小冰的没有交，"课代表一脸淡定地说，"他一向都不交作业，别的学科也一样。"

"好的，我知道了。"

我沉思了一会儿，打开这个班的花名册，翻开这个学生的家庭资料，原来是单亲家庭，虽然小冰和爸爸奶奶生活在一起，但爸爸常年在外，他和老人相依为命。

我拨打了孩子奶奶的电话，说起小冰来，奶奶话就停不下来，这个看着调皮的孩子，在奶奶眼里，是个孝顺的孙子，因为奶奶摆摊做小生意，小冰在家包揽了很多家务，生怕奶奶累着。我问起小冰在家里的学习情况，奶奶有些愧疚地说，自己不识字，孩子爸爸也不在身边，孩子学习没人督促。

在奶奶无奈的话语里，我仿佛看到小冰孤立无援的样子。

课间，我把小冰叫到办公室，他看到办公桌上的一叠作业，小脑袋无力地耷拉下来。我笑嘻嘻拉起他的手，说："奶奶夸你在家可会做家务了，我都没见过，下次带老师去看看？"他抬起头，一脸不敢置信，但眼里似乎有了光，我又说："奶奶也希望你在学校表现棒棒的，比如，和大家一样按时完成作业。"见我这么说，他又低下了头。我接了一句："奶奶相信你，老师也相信你，加油哦！来，我们一起去上课吧！"

这节课我们上《我的家庭贡献与责任》，课后我布置了一项实践活动作业，让孩子们晚上回去践行自己对家庭的贡献与责任，然后写一写自己的心得体会。我对大家说："我听说小冰同学在家特别能干，会做很多家务，我想小冰同学一定有很多体会和大家分享，下次课，让小冰给我们讲讲好不好？"教室里顿时响起了一片热烈的掌声，我看到，小冰羞涩地挠了挠头。

第二天，课代表将收上来的作业放到我的办公桌上，还没等课代表反馈，我抢先问道："小冰交了吗？""老师，他交了，这是他第一次交作业耶！"一阵欣喜，我立马翻开他的作业，不太漂亮的字，但能看出他的认真；平常的小故事，能看到他的真情流露。这真是一个有潜力的孩子。课上，我给每一个完成作业的孩子加了一颗小红花，还特别表扬小冰，请他上来分享，大家对他投来了赞许的目光，掌声再次响起。我明显感觉他比上台的时候腰杆挺得更直了，笑容也变得自信了。

课后，我送给他一本笔记本："你这次表现得真棒，这是老师特别奖励你的。看吧，你也可以和大家一样优秀的，老师希望你继续加油努力！"他接过奖品，重重地点了点头。

晚上，我再次拨通了小冰奶奶的电话，特别表扬他的进步。

　　一周后，一张小纸条出现在我的办公桌上，上面写着："老师，谢谢您! 我会好好学习的。"署名小冰。

　　拿着纸条，我感动不已，也庆幸自己通过孩子背后的家庭，重新认识了这个孩子。

走进彼此　一起成长

文/胡笑

"胡笑，有好多小朋友写的最喜欢的老师是胡老师呀！"

"啊？真的吗？肯定是你说了，不写班主任……"

"我还真没有说呢。"

"啊！好惊喜呀！看来我进步了，哈哈！"

一到办公室，我就和罗老师有了这样的对话，说实话，真是没想到，怎么会有这么多学生在成长手册里写最喜欢我呀？仔细想来，除了相处时间增加，最为根本的原因是我更关心爱护他们了。俗话说得好：你想别人怎样对待你，要看你怎样对待别人。学生是敏感的，你是否真的喜欢他、关心他，都逃不过他的双眼。所以在和学生沟通时，除了学习，一定还要关心孩子的家庭生活，随时洞察他们的心理状态。

童童是一个爱玩、静不下心的孩子，上课订正作业都需要人盯着，我常常正面管教她，但慢慢发现，她对我说的话有些抵触，也不能完全按照我要求的去做，管教的效果不佳。于是我就和她聊周末的生活安排、最近发生的有趣的事情，在她嗓子不舒服的时候给她润喉茶等，从生活、学习多方面关心她，她变得越来越"黏"我，当我因教研活动换课时，她会追着问我为什么没来上课，当我外出学习时，她会问我去干什么。上次去杭州学习，她甚至还说舍不得我……当然，她的学习状态越来越好，数学成绩也不断提升。

开心是我们班全面发展的小榜样，她闪闪发光，自信耀眼，被班上的同学评为女神。这样优秀的孩子在期末测查前也会担忧，因为她计算常常出错，为此我常常关注她学习状态，还专门找她聊天，先仔细了解她平时是怎样做题、检查的，随后针对她的问题提出可行性建议，特别强调作业做完后要把有关计算的题都再算一遍。后来她在一次测查中取得了满分的好成绩，让她对数学的学习信心大大提升。

每个孩子都是独一无二的，他们都希望得到老师的关心爱护，希望老师能够喜欢自己。庆幸，我和学生们都越来越喜欢彼此，学生们都越来越优秀自信，我对于儿童也有了更加全面的认识，业务能力方面取得了很大的进步，我们一起成长为更好的自己！

每个孩子都是一粒种子，需要我们作为阳光，去温暖他们；作为雨露，去滋润他们；作为土壤，去给他们勃勃生机。愿我们能倾心走进童心世界，和孩子们一起成长！

舍不得的那份情，如四月的暖风

文/魏梁巍

2022—2023年度第一学期开始，我接到了新的工作任务，将暂别熟悉的212班，接任新的班级辅导员工作。我从未想过会与212班学生分别，还期盼着把这群小家伙带到六年级毕业，还想继续完善中队队员个人信息档案，还想培养板报小组独立绘制板报、完成班级文化建设，督促特别行动组的"十名大将"学会自律的同时帮助其他同学，协助班主任做好学困生、特殊儿童家校沟通……而所有的计划都因变化而中断，取而代之的叫道别。

短短一年的时光，有太多的美好回忆。从起初对班里一对双胞胎姐妹怎么都分不清楚，到慢慢通过午休后的聊天，逐渐熟悉每个同学，"魏老师，我的牙齿掉了，怎么办？""魏老师，我的衣服不小心打湿了。""魏老师，我的书包拉不上了，可以帮我下吗？"同学们也从懵懵懂懂的生活、学习还需要他人帮助，到团结友爱、学会关心照顾其他同学，每位学生在成长的过程中，都有不同的进步。

有一两次在教学楼走廊遇到212班的几个小糊涂虫，像无头苍蝇一样到处找班主任的办公室，找社团集合点……一双双小眼睛猛然间看到我，既兴奋又害羞，"找时间我去看你们哦！"听到我这样说，小家伙们一个个高兴地蹦蹦跳跳。看着他们离去的背影，我若有所思。或许，对他们而言，分别其实不是结束而是新的开始。

　　一个风和日丽的午后，约着班主任吴老师在操场上为参加拔河比赛的他们加油，我想，也许我的到来是极大的鼓舞。同学们兴奋不已、跃跃欲试。迎着阳光看着朝气蓬勃的他们，我也特别高兴。简单的热身后，女生组拔河比赛开始了，我不由自主地组织班中男生为女生组加油。这时我新任辅导员的班级也来了几名学生，跟着我一起观战，给学弟学妹们加油助威。但因实力悬殊，不一会，女生组就以失败告终。她们顾不上不甘，又用尽全力为男生组加油呐喊，男生们摩拳擦掌，摆好姿势，准备扳回一局。结局嘛，在男生们龇牙咧嘴、坚持不懈下还是输了，比赛结束。原本还想为他们庆祝胜利，还精心准备了小饼干作为奖品，这下子输了比赛，他们一个个垂头丧气，黯然失色。在整队回班的途中，吴老师对我说，这样也好，可以激发他们的团队意识，培养班级荣誉感。回到教室，吴老师让我给同学们总结。一时间，我情绪上涌，心绪复杂，有太多的遗憾与不舍。也许是因为我是一个情感细腻的人，也或许是因为这是我在"谷拾"带的第一个班级，一个没忍住，我在学生们面前哭啦！我一边流着泪一边哽咽着说："你们以后一定要好好吃饭，不挑食，身体强健，继续加油，相信你们可以的……"像极一个饱含热泪的老母亲对即将远行的孩子的谆谆教导。而我的言语仿佛一根导火索，让场面一发不可收拾，哭倒了一大片学生，平日里嬉皮笑脸的DJQ哭得抽泣不止，怀抱哇哇大哭的HYX，再也分不清是因为输了比赛，还是对彼此的不舍。我突然惊觉，这短暂的一年，这平凡的一年，我不知不觉倾注了许多情感。

此后的一周，每天都有很多学生来办公室找我，送上他们精心绘制的卡片和手工作品，有时连人都未曾见到。每次下课回到办公室，我桌子上就已堆满了"爱心"。看着他们稚嫩的字体与祝福的言语，我满是欣慰，一天都是元气满满的。

教育是一场爱的修行，一种发自本心的情怀，我庆幸遇见最蓬勃的生命，彼此成就，彼此抵达。蓦然回首，依然惊喜于初见时的心动与美好，风雨兼程一往无前，我将带着同学们的这份祝福，带好新的班级，重新起航，乘风破浪。

小马同学

文/熊怡

取外号这件事情在小学阶段特别常见，古灵精怪的小朋友们，脑袋里装着许多让人意想不到的鬼点子。同学们的某些特点一旦被他们的眼睛捕捉到，一个独特的外号便横空出世，加之一群小朋友的笑声，这个外号便在班上大肆传播开来。不仅小朋友喜欢给同学取外号，有时老师也会给某些特点显著的同学取一个特别的名字。"取外号"这件通常被认为不礼貌的事情，有时却也有其正面的价值。

小马同学是我非常喜欢的一个学生，他也多次表达过对我和我的课堂的喜爱。马同学思维敏捷，上课积极活跃，课下搬作业拿水杯忙前忙后，讲起自家小猫咪时眼睛扑闪扑闪，还有两个小小酒窝，实在很难让人不喜欢。而这学期，明显感觉马同学没有了往日那股精气神，课上再也不见他积极举手，课下也不会找我分享猫咪的趣事，仿佛一夜之间他就"成熟"了许多。

关于其中缘由，我思索了许久。难道是平时对他太严苛，觉得他优秀便总是以更高的标准要求他？或者是因为他每天都举手，我反而把机会让给其他人而忽视了他？我想找他谈一谈，却迟迟找不到契机。这天，听见同学和他打闹，称呼他为小马同学，我灵机一动，便也喊他"小马同学"，他羞涩一笑。这之前，我都是喊他的大名。我趁机又喊道："小马同学，来和老师聊聊天呗！"话匣子由此打开，我一改平时对他的严肃，试探着和他进行了一场深度交流。这才了解到，原来我眼前的这个小男孩确实在慢慢长大。聪明如他，有比同龄孩子多一点的烦恼和忧郁，会因为家长布置的作业太多而心累，会因为没有得到老师的关注而难过，会将各方寄予的厚望变成层层压力藏于心底……幸好，"小马同学"这个称号帮我打开了一个突破口，让我看见了学生成长的烦恼和我自身存在的问题。后来，我慢慢转变我强硬的语气，在一声声的"小马同学"和一次次平和的交谈中，马同学又变回了那个会与我分享猫咪趣事、会在我背后偷偷玩捉迷藏的小男孩。

"小马同学"不仅是一个称号，更是拉近我和学生关系的一根绳索。"取外号"并不总是一种取笑的手段，有时它也传递着关注和喜爱的信号，带有温度的外号和亲切的昵称是彰显情感的符号，是缓和矛盾的调节剂，它显示出说话人的友好诚恳，也让被称呼者感到被关注和有别于其他人的独一无二。

满 天 星

文/杨文颖

下班回家的路上，每天都有人摆摊卖着花束，印象最深的是满天星，白的、粉的、蓝的、紫的，放在一起煞是好看。我一直对满天星有着特殊的情感，它和别的花不同，虽然每一朵都很小，但凑在一起，让你第一眼看到后便难以移开眼。我盯着它好久，才明白心头涌上的特殊感觉是什么，对啦，我觉得它像孩子们。我曾经买过一束满天星，仔细观察，我发现每一朵都不一样，小小的它们在我眼里真的格外耀眼，就像孩子们。每个孩子都有他闪耀光芒的时刻，等待着我们去观察发现他们的闪光点。

发现一：

首次注意到晨晨同学，是因为她午休时总不爱睡觉，而在那折纸画画。那天下午，我走进教室，她站在最前方，舞台的C位，大家正进行比赛前的排练。音乐前奏响起，只见她双手抬起，重重挥下，那气势颇有指点江山的豪气。在她有力的指挥下，孩子们用洪亮而饱满的声音吟唱着，我的内心也升起无限振奋与光荣，心潮澎湃。在那之后，我慢慢发现，小姑娘心思细腻，待人友善，举止优雅，且多才多艺。

发现二：

又是一周，轮到我打餐照顾孩子们午休。下课了，冲呀！准时到达。提醒孩子们洗手赶紧坐到座位上，准备打餐吃饭。跟孩子们接触一个多月，也了解他们的饭量了，打餐进行得井然有序，当最后一组同学来打餐时，墨子同学也在其中，在把碗递过来前，他问我："杨老师，你怎么不吃呀，你先给自己打一份呀！"那一刻，我心中泛起丝丝甜蜜，笑着回道："老师吃过了，谢谢你。"墨子同学，在开学一周后，我就记住他了，因为每次作业我都要找他订正再进行二次批改。尽管他学习上有待进步，但这个孩子可爱、懂事、体贴人，是个暖心的"小棉袄"！

发现三：

数学老师给孩子们上手工课，孩子们的兴奋度可想而知，啊啊啊声，此起彼伏。哎哟，你们啥时能在我拿着数学课本进教室时这样欢呼就好了。社团活动开始前，我给孩子们讲解什么是手工DIY，提醒孩子们要准备的材料，给孩子们欣赏了一些手工作品，又带着孩子们尝试着DIY手表，我让他们拿出一张白纸，边讲解边演示，模型出来后，最后一步便是自己设计、装饰手表。我预想着他们可能会把手表表带涂上红色、黄色、蓝色，再在中间画一个表盘，没想到我猜测的方向完全错误。桐桐是第一个把她的成果展示给我看的，一瞬间，我就被她设计的手表吸引住了，如果淘宝上有这款，我想我会买。站路队时，我看她手腕上戴着一个手工制作的表，设计跟刚才那个完全不一样。"咦，你这个表是……"我话还没说完，小姑娘接得可快了："老师，我刚又折了一个，然后画的。"我心想：好吧，你赢了，昨晚我可是对着视频折了三遍。孩子，你真的很优秀！

夜晚，我抬头看向天空，夜空中镶嵌的星星，每一颗都在闪耀着光芒，就像那摊前的满天星。

我不是"黑哨"

文/许宁

本学期恰逢新课标开始实施，如何在跳高课程中融入比赛，是像以往一样，在场地上学生依次考核，还是有所突破，让学生既是裁判员，又是运动员，更好地参与到比赛中？结合教学实际，我将跳高单元分为5次课，即助跑起跳、过杆技术、助跑6～8步起跳、学习裁判知识并进行跨越式跳高完整动作练习、开展小组比赛。

在第四次课上，利用短视频、教师讲解等方法，为学生讲解跳高项目中各裁判员的职责，包括起跳点裁判、场地裁判、记录裁判。起跳点裁判负责根据过杆情况举旗，通过的举白旗，未通过的举红旗；还要丈量场地高度、整理场地，身兼数职，挑战性极高。记录裁判负责播报顺序、记录成绩，事无巨细，需要认真负责。场地裁判负责恢复横杆、协助丈量、协助整理场地，工作量大又容不得闪失，需要粗中有细。提前布置任务给学生，学生根据自己的特点，自主学习裁判职责。

第五次课到了，每个小组10人。三位裁判员，七位运动员，进行组内跳高比赛，在此基础上还可以实施裁判员轮岗，让学生体会不同岗位的裁判工作。我作为主裁判全面协调。一声令下，各小组裁判开始组织运动员排队试跳。起跳点裁判同场地裁判迅速协作布置场地，记录裁判员对照选手名单开始公布试跳顺序。随着红旗白旗一次次举起，各组比赛有条不紊地开展。"许老师，他碰到杆子了，但是杆子没掉，请问举什么旗？""许老师，他助跑了可是没有起跳，还能不能重新跳？"一系列问题被认真负责的裁判员们反馈过来。试想：如果仅是老师当裁判，学生轮流跳高，何来如此浓厚的参与氛围？

随着高度的不断上调，各组比赛进入白热化阶段。突然，3号场地传来了阵阵吵闹声，我赶紧前往查看。

学生甲："老师，他是黑哨！"

我："为什么说他是黑哨呢，同学们？"

学生甲："明明我们两个成绩一样的，都是第二名，裁判凭什么把我排第三，他排第二？"

哦，原来是出现了高度相同的情况。我："集合，同学们，老师现在要给大家讲解高度相同时如何排名。"

学生裁判小李同学："老师，我会，我要证明我不是黑哨！首先，在出现成绩相等的高度上，试跳次数少者名次列前；如成绩仍然相等，则在包括最后跳过的高度在内的全赛中，试跳失败次数较少者名次列前。如成绩仍相等，涉及第一名时，则在造成其成绩相等失去了继续试跳权利的高度上，每人再试跳一次。如有关运动员都跳过或都未跳过而仍不能判定名次，则横杆应提升或降低：跳高为2厘米，撑竿跳高为5厘米。他们在每个高度上只试跳一次，直到分出名次为止。有关运动员必须参加决定名次的每次试跳。如成绩相等而不涉及第一名时，则运动员的比赛名次并列。"

我："非常标准，老师对你的裁判专业知识非常认可，请问你是如何掌握这项规则的？"

学生裁判："上次课后，我对起跳点裁判工作非常向往，回家后就在网上搜索了相关知识，又拉上我的爸爸实战练习，爸爸还自己创编了一组成绩，让我根据规则排名，我全都排对了！"

这下全班同学都被小李同学的专业品质与钻研精神打动，学生队伍中响起了热烈的掌声。

如何利用学、练、赛提升学生体育学科核心素养？我想此单元课便是最好的诠释。教会——通过学、练技能，学生能够做出跨越式跳高动作，并能够跳过70厘米高度。勤练——通过课上教师精讲、学生多练，课下小组探索实践提升技巧。常赛——通过课堂、单元比赛，让学生从多个维度了解此项赛事。通过学、练、赛，学生掌握了跨越式跳高这项运动能力，形成了积极锻炼的健康行为意识，具备了公平公正、积极拼搏的体育品德。

下一阶段，我还要不断钻研更多教材，结合教学实际，积极探索；坚持课内外有机结合，指导学生学会基本运动技能和专项运动技能，提供更多时间让学生进行充分练习，巩固和运用所学运动知识与技能，参与形式多样的展示或比赛；激发学生参与运动的兴趣，让学生体验运动的魅力，领悟体育的意义，逐渐养成"校内锻炼1小时、校外锻炼1小时"的习惯。

挑战杜老师

文/杜小琴

伴随着"双减"政策的落地，学校出台了一系列减轻学生作业负担的措施，除了明确规定作业布置的"量"，还大力提倡和鼓励老师布置分层作业、实践作业、童趣作业等"花样作业"，真正做到作业减量不减质。翻开我们班孩子的作业登记本，你会发现上面记录着一项特殊的作业：挑战杜老师。

挑战什么呢？背课文？写字？哈哈，都不是。孩子们和我PK的是一项体育运动——跳绳。跳绳嘛，简直是我们"90后"小时候自带的技能，也是当年课间10分钟最流行的运动项目之一。但是对于很多一年级的孩子来说，跳绳却是一道坎。据说，家长群里也流传着一句话——比辅导作业更可怕的是教孩子跳绳。

为了激发孩子们冬季运动的热情，学校启动了冬至跳绳比赛，大课间的活动也改成了跳绳练习。

"快一点！"

"加油跳！"

上周五，又是一个练跳绳的大课间。我像个教练，穿梭在队伍里，不停地嘶吼着，但是很多孩子还是懒洋洋的，似跳非跳，转身就扔了绳子躺地上打滚去了。看着孩子们散漫的状态，又想到班上一个患手足口病，两个疑似有水痘，还有两个感冒了，濒临停课，我有点着急了。不动起来，身体素质怎么会好呢？突然，一个孩子拿着跳绳跑到我跟前。

"杜老师，我一分钟都能跳100个了，你能跳多少个呀？"

我一听，这是要和我PK呀！顿时心生一计，不如就通过挑战激发孩子们练跳绳的兴趣吧。

"我也不知道呀！要不我们PK一下？"

一听到PK，孩子们瞬间兴奋起来。

回到教室，我打开电脑上的倒计时工具，让孩子们一起帮我数个数。我们班大多数孩子的跳绳成绩在100个左右。于是，我把目标定在了120个，让孩子们能"够一够，摘桃子"。见我跳到了120个，一部分孩子兴奋起来，表示一定要超过我，还有一些同学面露难色，觉得这不可能。

"告诉大家一个秘密，杜老师一年级的时候，刚开始只能跳20个，是班上最不会跳绳的。我每天练习，一天涨5个，一天涨5个，后来最多的时候都能跳200个了呢！"

听了我一番话，孩子们斗志昂扬，纷纷表示一定要超过我。刚好马上是周末，我就让孩子们在作业登记本上加一项作业——挑战杜老师。孩子们兴奋地记录下来。晚上，我在班级群向家长告知了这个活动，家长们纷纷点赞支持。

当天晚上就有家长发来挑战成功的视频。

"从没跳过120个，今天动力十足。"

"不容易，失败了很多次，全家一起跳，终于成功了。"

接下来，陆续有孩子挑战成功，我逐一点赞祝贺。还有几个孩子为了挑战成功，约在一起训练，请其中一位家长指导，两天的时间从80多个跳到了120个。

经过周末两天的角逐，共有11个孩子挑战成功。周一，我在班上进行了集中表扬，展播挑战视频，通过公众号发文记录。其他没有挑战成功的孩子羡慕不已，也憋足了劲要继续挑战。现在，已经有超过半数的孩子挑战成功了。根据最新小学体育跳绳评分标准，一年级男生达到109个，女生达到117个就是满分了。120个已经是非常好的成绩了。

就这样，不用说教，不用压迫，将作业转换成童趣化的游戏，竟有这般意外的收获。作业只是手段，让学生在课后不断发展才是我们的目的。优质的作业，就是一种点燃和唤醒。点燃每一个孩子主动学习的热情，唤醒每一个孩子生命的潜能，让他们在探索与实践中获得成长。"双减"，减的是学生过重的负担，是家长的教育焦虑；增的是学生的身心健康，是学生综合素养的全面发展。让我们乘着"双减"的东风，积极探索作业布置的新内容，让"双减"工作掷地有声。

我想看看领导到底是什么

文/张豪

周五，我在庭院值勤，看到几个小朋友在测温箱里跑来跑去，赶紧过去劝导。这时，保安师傅也过来了，告诉我这几个孩子跑到了大厅，想到地下车库去。未经老师允许和陪伴，私自进入地下车库，事关学生安全，不能不重视。于是我叫住他们，问他们为什么要去地下车库。

带头的男生说："我们想去地下车库看看领导到底是什么。"

他特意强调了"领导"这个词，但是发音很不准，我不确定他说的到底是不是"领导"这两个字。

"去地下车库看领导？"我带着疑问确认。我也特意强调了"领导"这个词。

"我们老师说，今天不能去大厅玩，不能去报告厅门口玩，因为地下车库有领导，报告厅也有领导。领导到底是什么？很可怕吗？"

我看了看站在报告厅门口的少先队志愿者，他们站姿笔直、昂首挺胸、精神抖擞。今天东湖高新区2022年秋季学期少先队大队辅导员工作会议在我校召开，区相关领导、其他学校大队辅导员老师都来参会。学校里来了客人，作为主人的我们自然要展现出良好的精神面貌和学生形象。想必班主任在班里强调了这件事，警告学生不要去报告厅和大厅玩耍。班主任一定没想到，这反而激起了这个男生探索的好奇心。

"老师，领导到底是什么？为什么不能去看领导？"这个男生继续问我，这种打破砂锅问到底的精神很让我佩服。

"我知道了，领导是从地下车库出来的，他们是地下钻出来的恶魔吗？"这个男生一边说，一边做出恶魔从地下钻出的样子，看得让我只想笑。

"领导当然不是恶魔了。领导也是老师，他们是老师的老师。"我笑着解释道。

"领导不是恶魔，那为什么领导那么可怕？为什么我们班主任不让我们去大厅和报告厅？领导到底是什么？"

我正在想到底该怎样回答这个问题，午写的铃声响了。几个孩子大声嚷着："午写了！午写了！"然后跑回教室了。

看着他们的身影，我想如果有机会再次见到他们，我会说：不能去大厅和报告厅，是因为老师们在报告厅开会，我们不能打扰他们开会。如果有小朋友在报告厅表演节目，我们也要保持安静，不打扰他们。这和有没有领导无关，更不是因为领导可怕。这是对他人的尊重。

入学"初体验"

文/兰曦

　　新学期初始，迎来了新的一批小朋友入学。虽然受到了疫情的影响，延迟了一周开学，但是在开学前的家访中，我已经感受到了小朋友们对于小学生活的热情与期待。张沐熙同学在打开视频的时候就进行了热情的自我介绍："老师好，我叫张沐熙，今年6岁……"，她向我介绍了她的兴趣爱好、暑假生活，以及她整整齐齐布满课外书籍的书桌等等。她笑起来眼睛弯弯的，十分可爱。通过短短一刻钟的家访，可以看出她是一个特别擅长与人沟通的孩子，分享欲旺盛，表达能力非常好。作为刚刚入职的新教师，我一下子就对她产生了"浓烈的爱意"，心想，恢复线下教学后她一定是当班干部的好苗子。

　　线下教学的第一天，我还没走进教室，便听到哭声："呜呜呜，我想妈妈，我想回家……"这是哪位同学呢？我加快脚步，在人群中一眼看到了她。"张沐熙同学，到老师这儿来。"她擦擦眼角的泪水乖乖地走了过来，用她充满稚嫩与童趣的语言与我交流着。原来，她的妈妈答应她在课间的时候会在院墙的栅栏趴着看她，可能是因为工作的原因没有过来，导致她很伤心。说着说着便又哭了起来。

　　我拉着她的手走到了教室外安慰她。初入校园的张沐熙不习惯新的同学，也不习惯比幼儿园更加严格的规章制度，我向她讲解了小学生应该承担的责任，一句"你长大了，要自立！"让她忽闪忽闪的大眼睛直直盯着我。她是那么可爱，作为老师，那一瞬间，想给她无尽的包容与关怀。但是，作为老师，在关爱的同时更要引导她快速适应小学生活。于是我拨通她妈妈的手机，在我们共同的"努力"之下，张沐熙的情绪得到了缓解。

　　她的"小性子"大概持续了两三天，直到全班同学都没有这种情况了，她还会牵着我的手说想妈妈。竞选班干部时，我与班主任商量，考虑到张沐熙表达能力优秀，上课的表现也不错，让她当班长。经过班上同学的一致认同，她当选了班长！当然，也是想借此给她锻炼的机会。我对她说，你现在是班长了，你拥有了当班长的权利和义务，当然还有作为表率的责任！如果你还哭着想妈妈，全班同学都跟着你学，就不成规矩了。果不其然，当选班长后，她再也没有依赖妈妈，而是学着自立，成了一名真正的小学生。

　　随着时代的改变，孩子们的成长环境也随之改变，所以我们对待教育的态度也应该改变，多多建立和孩子们沟通平台，让孩子们对老师建立信任，特别是刚刚入学的孩子们。每一个孩子都是上天派下来的天使，我们作为教育者，更要用善良和爱心去灌溉，让每一个孩子茁壮成长。

遇　　见

文/彭莹

冷遇见暖，便有了雨；春遇见冬，便有了岁月；天遇见地，便有了永恒；我遇见你们，便有了我们。

人生最美是遇见。我遇见了我的小太阳们。

她是班上个子最小的女生，却是第一个让我记住的女生。

刚进教室，一眼就看到了趴在桌上的黑脑袋，肩膀一抽一抽停不下来。我赶紧走过去轻声地问她怎么了，小丫头哭得上气不接下气，抬起头怯怯地说："我想妈妈。"我牵着她的手告诉她："妈妈也想你，放学就可以见到妈妈了，见到妈妈把在学校的开心事告诉妈妈，她一定会开心的。"她半信半疑地问："妈妈真的会开心吗？"在得到我肯定的回答后，她的眼泪才慢慢止住。

可止住了这一次还有下一次，"小哭包"每天都要向我哭诉，吃饭慢了哭，站队慢了哭，不敢回答问题也哭。每次她哭泣时，不等我开口问，她便瘪着嘴不停念叨："我想妈妈，我要妈妈。"看着面前事事都要哭诉的小姑娘，我渐渐明白，也许"小哭包"不是真的爱哭，她只是有些害怕罢了。时间久了，我不再说大道理，每次她哭我都蹲下身抱住她，拍着她的背安抚她。无声的陪伴好似给了她力量，总能让她止住眼泪。她调整好情绪后会自己抹抹眼泪，笑着说："老师，我不想妈妈了。"

之后，学校里常常可以看见两个身影。

"妮妮，上学时的前一个月你可以带家里的小伙伴来陪你，可这是我们的秘密哦！"

"妮妮，今天老师带你去认识一下地下图书馆吧！"

"妮妮，你第一个和大家分享绘本故事，大家一定会成为你的小粉丝。"

"妮妮的字写得工整又漂亮，老师要为你点赞。"

"妮妮妈妈，她今天主动发言了。"

"妮妮妈妈，她今天主动和同学交流，交到一个新朋友！"

在一次次反馈中，在鼓励与陪伴中，"小哭包"渐渐适应了新环境，越来越开朗，越来越自信，交到了许多新朋友。还没到约定的一个月，"小哭包"就不哭了。

一天午睡过后，空气中还弥漫着温暖的味道，我还在收被子。她拿着一本书跑到我面前，脱口而出："妈妈，这个字读什么？"说完猛地抬起头看我，又不好意思低下了头。我抑制不住嘴角上扬，我想，如果周围没人，我一定会开怀大笑。她脱口而出的不是一个称呼，而是一份信任和一份单纯的爱。这简单的信任，让我变得更加柔软而坚定。

遇见是一种相识，是一种期待，更是一种温暖，一种陪伴。我愿做一缕阳光，温暖你们的岁月；愿做一颗星星，照亮你们的前路；愿做一汪清泉，温润你们的心灵。有幸遇见，可以陪伴你们长大，有幸遇见，你们也陪伴我慢慢成长。

新学校新班级的第一次家长会

文/陈晶晶

10月17日接到通知："学校拟定本周二19:30开展线上家长会，总结线上学习情况……"我的目光迅速聚焦到"本周二"这个时间点，那不就是明晚？作为一名工作经验较为丰富的班主任，本应该满脸"云淡风轻"，但是听到这个消息，我的心还是怦怦直跳。

"天呐，准备时间好短！""我该说些什么呢？"办公室的同伴们你一句我一句地讨论起来。"家长会我要说什么？我要怎么说？"这两个问题一直萦绕在我脑海里，下班回家的路上我也一直在思考。看着回家路上如油画般五彩斑斓的夕阳，我暗下决心：这可是我在十小这个新学校新班级的第一次"亮相"，一定要用最认真的态度来对待。吃完晚饭后，我就钻进书房"奋笔疾书"，砰砰砰地敲着键盘，用心书写着每一个字。

"用心沟通，让爱靠拢"映入脑海，这句话读起来让人觉得内心十分温暖，也容易引起家长们内心情感的共鸣，几乎每个班级的第一次家长会，我都会将这句话当作主题。好！那这一次就延用这个主题。定了主题，心也定了下来。我将会议分成四个板块：第一，班级学习情况——让家长快速了解班集体的整体情况；第二，表扬优秀学生——孩子哪方面表现得好，哪里进步大，这应该是家长们最想了解的；第三，语文学习要求——比如了解小学低年段语文学习的要求和一年级上册语文学习的重难点，以及如何个性化辅导孩子，帮助孩子取得更大的进步，这应该是家长们最迫切想了解的；第四，家校合作指南——在讲解了前面三个板块后，获得家长们的信任和支持，最后谈及家校合作的要求，促进家校之间的合作，更易使家长们接受与配合。四个板块定下来之后，我仿佛"渐入佳境"，越写越顺利。写完后，已经到深夜，但我一点儿也不困，竟然期待着家长会早点儿到来。

　　周二下班回家，我匆匆忙忙地扒了几口饭，就去卫生间"捣鼓"起来，补补妆，擦点儿口红，让自己看起来更精神。以前开家长会，我也会这么做，那时特别年轻、经验有限，要面对全班的家长，内心止不住慌张。同事和我开玩笑说："别紧张，经验不够，美貌来凑。"其实，我们都知道，这是尊重家长、重视家长会的一种表现，也能让家长们感受到老师的用心。我提前进入"腾讯会议"调试课件等设备是否正常，在等待家长的同时，我精心挑选了一首《最好的未来》作为背景乐，歌词十分契合"教育"主题。万事俱备，就等家长们到齐。前期做足了准备，此时内心十分安定。家长会也顺利召开。会后，一向安静的班级群热闹起来，家长们纷纷分享自己的会后感受。家长们纷纷表示，平时忙于工作而疏忽了孩子，平时再忙也要花时间陪伴孩子，与孩子共同成长与进步。看着大家的感言，我的内心也久久不能平静，肩上的责任更沉了些。

最好的家庭教育是信任和陪伴，最好的学校教育是尊重与引导。用心沟通，让爱靠拢，家校合作，共同教育；用爱浇灌孩子的童年，用心营造良好的环境，让孩子成长为一个自信阳光的人。这便是老师和家长共同的期望。

美好的误会

文/陈晓艺

我是一个脾气有点急躁的人，有时候会为了一些小事而大动肝火，总是感觉"心平气和"这个词离我很远。但是当了小学老师之后，接管了一年级新生班，感觉自己的脾气渐渐被这些孩子们改变了。感谢孩子们用他们的纯真成就了我的心平气和。

那是某个课间。"老师，老师，你看，小T同学带糖来吃了，老师你说过学校不让带东西来吃的！她不听老师的话！"一个男孩子说得义正词严。话音刚落，就围过来几个孩子，七嘴八舌地附和着……我想，明明昨天刚在课上强调不准带零食到学校来吃，她真是明知故犯！今天得好好批评教育她。于是，当着所有孩子的面，我把小T拉到身边，严肃地问："老师昨天早上刚说过，能不能带零食到学校来吃呀？"小T立刻低下了头，低声回答："不能。""知道不能还带呀？"我故意提高声音说，"如果下次要带，就带五十一份，让班上每个小朋友都有份。"抛下这句话后我就转身离开了，心想：这下该不会有孩子带零食了吧，谁会愿意把好吃的分给别人呀！想到这，心里不禁为自己的这招"欲擒故纵"暗暗得意。

可是第二天，又有孩子到我这儿来告状了："老师，小T同学又犯规了，她带妙脆角来吃了。"这还了得，简直把我的话当耳旁风了！我立刻快步走到教室，大声质问小T："你为什么又带零食来吃了……"还没等我把话说完，小T便迫不及待地辩解道："老师，不是我一个人吃的，我要和小朋友们分享的，一大袋呢。"听她这么一说，我猛然间想起了昨天在孩子们面前的那一番"激昂陈词"……虽然小T误解了我的意思，此刻我的内心却一阵惭愧——惭愧于我的自作聪明，在孩子的纯真面前显得是那么的粗暴。注视着小T明亮清澈的双眸，我内心不禁一阵感动，似乎蒙蔽在心灵上的尘埃被涤净了！想想自己小时候，不也乐滋滋地带了好多薯片到幼儿园跟小朋友们分享吗？这就是孩子，他们的快乐就是这么简单。我决定好好保护这份童真，不再只是简单地制止，而是将"惩罚"转变成"奖励"。

于是，我追问小T："那你打算怎么分享呢？""我也不知道，要不老师帮我分吧。""不，你自己分享给大家！老师给你个建议，放学排队时，再分享行吗？"小T使劲点点头，兴高采烈地到班级去宣布了。放学排队时，孩子们快速整齐安静地站好队，小T呢，一边发着妙脆角，一边还要求着："谁站得最好，就给谁吃。"呵呵，这孩子，俨然一个小老师的派头，还把分享零食变成了一种奖励。孩子真是创意无限啊！

接下来的几天，每天都有孩子带零食来，还不忘告诉我："老师，我要分享给排队最整齐的小朋友。""老师，我要分享给打扫卫生干净的小朋友。"孩子们，你们就是天使！看着孩子们这样"大气"，我这当老师的是不是也该"意思意思"呢？跟他们一样，买些零食分享？那我们班岂不成"吃货班"啦！而且，学校本就有规定，学生是不可以带零食到学校里来吃的。

　　看来，我得多想点奖励的花样，牢牢地吸引住我的孩子们。想到之前看过的教育类的书，我决定借鉴过来，再结合我们班的实际情况进行创新。说干就干！我在班级后面的黑板报上辟出一块空间，设立了一个"兑奖区"，先期设计了十项奖励，例如，第一项，获得十个笑脸，可以获得一次在黑板上涂鸦的机会……第三项，获得十个笑脸，可以当一个星期的园丁，浇灌教室里的花草……到今天为止，我们班有孩子兑换了一日图书管理员的机会，有孩子兑换了一日电脑管理员的机会……这样的奖励，符合一年级孩子的年龄特点，让孩子们"跳一跳就能够得着"。就这样，奖励变成了对孩子的另一种培养，培养他们的口头表达能力，培养他们的分享精神，培养他们为别人服务的精神……更重要的是，这样的奖励机制可以引起孩子们的共鸣，可以一直沿用下去，成为一种班级文化。

　　是奖励？是惩罚？往往就在一念之间。孩子，谢谢你用美好的误会成就了我的心平气和。

一次心平气和的谈话

文/陈芷萌

一天课间回到办公室，看见我们班陈伯毅同学在黄老师办公桌前伤心啜泣。了解情况后才知道是因为他在厕所大声叫喊被黄老师逮了个正着，此时黄老师正在批评教育他。那大概是开学的第三天，我对班上同学还不甚熟悉，却对陈伯毅同学印象深刻。因为课堂上他总会提出一些奇奇怪怪的问题，老师一不留神，他便会做一些与课堂无关的行为，全然不顾老师强调的课堂纪律。我正想找机会请他到办公室聊聊，没想到黄老师帮我推动了这件事的进展。我正欲以班主任的身份接手处理此事，想着这正是跟陈伯毅同学"新账旧账一起算"的大好时机。

见到我之后，他哭得越发伤心，大概是因为小孩子对班主任老师有天生的畏惧，尤其是犯了错误的小朋友。从他的哭泣中我知道他已经意识到错误了，于是我改变了想借机批评教育他一番的想法。我给他搬了一把椅子让他先坐下，拍了拍他的肩膀，让他先平息一下情绪。

待他平静下来后，我问他为什么哭。

他指着黄老师充满怨气地大声说道："她吼我了。"

我接着问："黄老师为什么说你，你知道吗？"

他说："我在厕所大声喊叫了。"

我接着对他说："在厕所大声喊叫是不文明的行为，你做错了，所以老师批评你，是为了告诫你以后不要犯同样的错误。老师是希望你更懂规矩、变得更优秀，老师是为你好，你知道了吗？"

他似乎还是很委屈。我于是接着对他说："要是被陈老师碰见了，可能会更严厉地批评你呢。"

"我知道错了，老师，我以后再也不这样。"他总算承认了自己的错误。

"你刚刚对黄老师的态度是不是不太好，是不是应该向黄老师道个歉呢？"

于是他主动过去向黄老师说了一声对不起。

我继续引导他："陈伯毅同学呀，你在老师眼里是非常聪明懂事的孩子，但是今天陈老师有一点失望了。你犯错误被黄老师批评了，就相当于113班被批评了，因为你在其他老师眼里就代表着咱们113班呀，所以陈老师对你有一些失望。"

这时他有点儿不好意思地挠了挠头，似乎想为自己辩解。

我补充道："老师有一个将功折过的方法，只要你做到了，老师就能原谅你。一是再也不犯同样的错误；二是碰到别的同学有不文明的行为要及时报告老师。同时，老师希望你在课堂上也能遵守纪律，认真听讲。"

他满口答应了。

我继续跟他聊，从刚刚的不文明行为聊到了课堂上的违纪行为。得知有时候他的违纪行为是为了引起老师的注意后，我又跟他讲了老师心目中的好学生标准，希望他努力成为老师心目中的好学生，而非做一些违反纪律、影响他人的行为来引起老师的关注。

他似懂非懂地用力点了点头。

自那以后，他一旦有表现好的时候，我就抓住机会大肆表扬他。渐渐地，陈伯毅同学在课堂上的表现变得积极正面了，在厕所"胡作非为"的身影里再也没有他。

李镇西在《做最好的教师》中写道：虽然就学科知识、专业能力、认识水平来说，教师远在学生之上，就人格而言，师生之间是天然平等的。别看他们只是一年级的小朋友，只要我们多给他们一些耐心，多和他们进行一些平等的对话，就能多了解他们的内心。他们其实很懂事。

小健变形记

文/李淑贤

"我推选小健同学当选清洁管理员！我觉得他上学期进步非常大，不管是学业上还是纪律上，还有奉献精神！"穆同学一出此言，全班投来惊奇又肯定的目光，我也点头表示赞许。刚接触小健同学的时候，就有老师向我反映他上课管不住自己、话多嘴碎，喜欢和同学斗嘴，还时常骂人、撩女生，在同学眼里就是个"讨人嫌"，面对老师的教育也是一副"老油条"的模样，从不认错，且继续频繁犯错，让老师头疼不已。

面对这样一块"顽石"，我想，如果我放弃了他，那他以后怎么办？班上的风气也只会越来越糟糕。每个人一定有他的闪光点，长善救失，不妨去找找他的优点。高尔基说过："谁不爱孩子，孩子就不爱他，只有爱孩子的人，才能教育孩子。"

在教育这条路上，最有价值的东西从来都是看不见的，那就是为师者对教育的强大信念：用爱带着学生们去感悟生活、发掘自我，与学生共同成长，让他们能站在自己的肩膀上去发现世界，去体验成长的喜悦。所以我要努力发现他的闪光点。

首先是给他找点事情做。每天午餐后，班上打饭的桌子上总是会遗留下饭菜汤水，学生大多置之不理。某天，凑巧小健又在旁边逗别人，被别人投诉，我随口说："那小健就每天把我们打饭的桌子擦干净吧。这是你的任务啦，干满五天个人积分加五分哦！"午写时发现桌子是干净的，我立马抓住机会大力表扬他，可当时同学们投向他的是不屑的眼神。后来，只要看见桌子不干净，我就喊："健哥，你的任务！"这样，慢慢形成了桌子归他管的惯例，他也养成了每天到点不仅主动擦干净餐桌还拖干净地面的习惯。

"天！谁拖的地呀？这么干净，像一面镜子一样。"同学们都会说是小健。每当此时，我总是表扬他，感到班上其他同学以及老师对他的认可，他害羞地笑了。这样，他在班级的形象也越来越好了。而他的作业但凡做得有一点进步，我也是在班上一顿表扬，"预习做得非常充分""字迹端正""课堂上积极思考"。他也越来越自信。我们班每周会给同学们发表扬信，并对这一周进行总结，我给他发了一张"进步之星"的奖状，他把奖状拿下去都是蹦蹦跳跳的，难以掩饰心中的喜悦。同学们也慢慢发现了他的闪光点。同学之间的摩擦少了，女生对他的"投诉"也少了。遇到我他会喊"老师好"，会主动帮我擦黑板、抱作业，清理"清洁间"的水平也高了，作业质量也有提升。从前教过他的老师惊奇地对我说："你是用什么魔力让小健转变的？真不错啊！"看到他一天天进步，我惊讶赞赏的神奇魔力。从他身上，我更加确信，每个学生身上都有闪光点，我们要努力去寻找与发现，长善救失，不断赞赏！

从各个角度多鼓励孩子，一次鼓励有时胜过一百次责骂。那些让你头疼的孩子可能只是你没有"把准脉"。不同的学生有不一样的性格，不要用同一个评价标准来看待他们。发现他们的可爱，也许你的教育生活就不会那么枯燥无味了。

每一个孩子都是一粒好种子，只是不同的种子花期不同罢了。每个孩子都希望被他人认可，被同伴赏识，我也正是利用孩子的这一心理巧妙地引导他们，让孩子们认识到自己在小集体中很有价值。作为班主任，我想要读懂每一个孩子的故事，我想要抓住机会帮助孩子们创作故事，我想要把信心与成功写入孩子们的故事中。作为教育者，我们应该用善良唤醒善良，用心灵铸就心灵，让善意与欣赏在班级内传递，与他们进行朋友式的相处。希望我的这些"别样的花儿"能够在春天开得更艳，愿我可以无问西东，坚定不移地用爱继续耕耘我育人的"平凡之路"！

搭建红色文化的彩虹桥

文/刘彩红

红安，全国唯一一个以红色命名的县城，拥有得天独厚的红色底蕴，鲜血染红的红色土地上传承着红安的红色基因。我就出生在这个小县城里，在这里生活了39年，我熟悉红安的每一寸土地，我瞻仰过红安每一个革命遗址，我会咏唱红安流传的每一首红色歌谣。这座生我养我的城市，给我烙上了红色的印记。我的爷爷，一名老红军，在漫川关战役中光荣负伤；我的公公，是一名抗美援朝的志愿兵；我的爸爸，是一名老党员干部。从老红军到志愿军，再到掌握现代科技的现役军人，我一家三代五位军人保家卫国。也正是因为这样的家族传承，让我有着特殊的家国情怀。别人常说："你身上有一种特殊的气质。"我想这应该是我身上的红色基因所折射的光环。亦如我的名字——彩红（彩虹）那般耀眼。这个特殊的身份，赋予我一份特殊的使命，我想，我应该做点什么？到底要做什么，我一直在思索……

2018年，我走进了武汉这个大都市，加入了光谷十小的团队，这时学校刚建成两年。一所年轻的学校，一群"90后"的年轻教师，快节奏的生活，现代化的教育手段，校园里处处洋溢着青春的气息。当我向他们讲起我的家乡"两百个将军同一个故乡"时，他们竟大多不知道，更别说"中国工农红军第四方军""黄麻起义"等等这样的革命轶事。一时间，我很失落，也很惆怅，并不仅仅是因为年轻一代不知道我的家乡，更重要的是他们竟然不了解红色历史，他们之中大多数是党员教师，他们还将教育一批又一批的学生形成正确的人生观、价值观、世界观，他们还将为党育人，为国育才。一种无形的责任感和使命感让我忧心忡忡，一名教师如果自己都不知道我们的初心在哪里，不知道我们要培养什么样的人，又如何去培养人呢？我想我知道自己要做什么了！

我要在老区和城区之间架起一座红色的桥梁！我要让我身上红色的基因，影响更多的人，感染更多的人，擦亮我们的初心。2019年"七一"前夕，我向学校党支部书记提议，让党员教师先行走进红安，接受革命传统教育。6月30日，我以特邀成员的身份参加了学校党支部开展的"红色之旅 走进红安"的党员教育活动。我们一起参观了黄麻起义和鄂豫皖苏区革命烈士陵园。在讲解员声情并茂的讲解中漫步于红安的历史画卷，静静地感知这座革命鲜血染红的城市。一幅幅藏满故事的字画，一件件褪色的中山装，一床床打满补丁的被褥，一面面破损的铜锣，一把把锈迹斑斑的大刀，炮火连天的仿真电影等等，让所有人似乎身临其境，不仅让我们体会到中国革命之路的艰辛和困苦，还深深地被那些为我们抛头颅、洒热血的革命烈士忠贞不屈的精神所感动。在坚挺、雄伟的人民英雄纪念碑前，我们重温了入党誓词。那一刻我心潮澎湃，我甚至泪流满面，我看到了老师们深情的目光，我看到了那份红色的记忆唤醒他们内心的信念，浸染他们的心灵，让他们不忘初心，背负使命前行。

从红安回来那天，我萌生了一个强烈的念头。"我要入党！我要成为一名光荣的共产党员！"我要践行我的使命，我要成为光谷新城红色文化的传播者。我向学校党支部递交了"入党申请书"，尽管那一年我42岁了，我觉得一点都不晚，这里的年轻老师需要我，我的学生需要我，这座繁华的都市需要我。

2021年七月一日，党的百岁生日那天，我有幸作为光谷教育数百名新党员代表，在党旗下庄严宣誓，我告诉年轻老师们："党员身份是我最大的底气。"那天我无比的骄傲，我也无比的坚定。

即便我是小小的烛光，我也要努力点燃整个夜空。接下来的日子，我在支部党日的活动中宣讲"小小黄安，人人好汉，铜锣一响，四十八万"的革命故事。我和我的老师们一起开展"献礼·拾光"活动，给"谷拾"娃讲党史故事。2021年暑假，100个小故事让"谷拾"教师和"谷拾"娃娃走过了一段意义非凡的红色之旅。革命先辈们顽强不屈的精神，坚定的信仰也必将穿越时空，为我们照亮现在和未来的路。

我还要为我的孩子们做些什么？6岁的孩子，他们每天读的是《哈利·波特》《安徒生童话》，他们不知道今天的幸福生活是怎么来的，偶尔看到的，他们也以为那只是拍的电影。我要告诉我的孩子们，这一切来之不易，而这一切又将靠他们去捍卫和创造。

我悄悄换了教室书架上的书，他们开始读《小英雄雨来》《小兵张嘎》《闪闪的红星》……后来他们读《红岩》《红旗谱》《青春之歌》……他们开始走上讲台讲述自己读过的故事，他们录制

100个红色小故事在全校宣讲，让更多的同学了解红色历史，用行动为党的百岁生日献礼。

小蔡同学在讲述黄继光的事迹时几度哽咽，台下的孩子个个泪湿眼眶。她说读懂了什么是"视死如归的大无畏英雄气概"，平日里娇气的她，慢慢可以坚持做自己认为很难的事了。王璟儒同学读了潘冬子给父亲写的信后写道："作为一名小学生，我想我的爱国就是从小事做起。"于是我看到他每日在班级值日中劳动的身影，我还看到运动会上他小小的身板坚持冲向终点爆发出的力量。迷上《青春之歌》的熊顾皓同学坚定地告诉我，他的青春也要像林道静那样为祖国做贡献；谌立可同学给大队委的队员们讲"红船"的故事；李瑭璟妍同学当选红色故事小小讲解员……他们在台上自信而坚定的模样，正是我想看到的样子。

读完满满一书架的红色书籍，他们变得坚强、勇敢，他们开始懂得节约一滴水，不浪费一粒粮食，他们开始学会感恩，学会自己的事自己做……我欣喜地看到我的孩子们被红色文化滋养着，他们善良、正直，他们知道"热爱祖国"不是一句口号，而要在一点一滴的小事里践行。

我和孩子们一起唱《红星歌》《红领巾心向党》《国旗国旗真美丽》《我和我的祖国》……用嘹亮的歌声歌唱祖国，孩子们稚嫩的脸上写满自豪和对祖国深深的爱。

读红色书籍，寻红色足迹。"首义广场""中共五大会址纪念馆""辛亥革命武昌起义纪念馆""毛泽东故居"等红色革命圣地都留下了我和孩子们的足迹。我带着孩子们走进武汉这座九省通衢兵家必争之地的英雄之城，了解武汉的红色年华。一件件革命纪念物，一张张真实的照片，将孩子们带回烽火连天的年代，再现革命先烈不屈不挠的革命精神，这样的精神给他们注入强大的成长动力。被红色文化熏陶的孩子们，看着冬奥会场上升起五星红旗时，他们会起立齐唱国歌；观看钱学森回国的纪录片时会说自己要"为中华之崛起而读书"；看"福建舰"下水会鼓掌欢呼……

就这样，我将红色基因一点点根植于孩子们的心田。

红色文化的力量难以阻挡，我发现：一年级的孩子在津津有味地读红色故事，二年级的孩子在满怀激情地唱红色歌谣，三年级的孩子在热情昂扬地诵读红色诗篇，五年级孩子在绘制红色绘本……红色浸润着光谷十小的校园，浸润着两千多个家庭。自从《极目新闻》报道我们班的红色文化之后，红色文化已逐步影响到整个光谷，我坚信，它终将红遍全省乃至全国……

培根铸魂，这正是一名党员教师坚定的使命！我以己之微力，搭建起革命老区和现代化都市红色文化的彩虹桥，搭建起孩子与红色历史时空连接的彩虹桥，我相信，我所做的一切虽是星星之火，但终将燎原！

一 串 问 号

文/刘明洁

平常的一天，平常的忙碌，平常的大课间。孩子们做完室内操，我像寻常一样坐在教室前面批改作业，身旁依偎着几个黏人的小孩子，充当我的小助手，改到错误的地方时，会委托这些"小燕子"们充当信使，帮我把需要订正的学生喊过来。

这一课的练习不难，但有很多陷阱，需要学生认真读题，我在课上专门讲解了易错点。前半部分都是乖宝宝们的作业，改起来非常舒心。心里正庆幸不用费功夫找学生返工时，改到了一份相当敷衍的作业。是小陈的，明明是一个很聪明的小孩，对待作业却极其不认真。他不仅字迹凌乱，还错了很多非常简单的题目，更不用说那些小陷阱了，"完美"踩到了每一个雷区。压着火改完，我立即使唤"小燕子"去召唤这个孩子来订正。

这一等就是一整个大课间，打铃时才有学生匆匆跑过来告诉我："刘老师，不管怎么喊，他老在那里疯玩不理我！还把同桌的橡皮放在嘴巴里，好恶心！"这话和上课铃声一起震得我脑门嗡嗡响，怕自己忘了处理这件事，课前赶紧先给家长发了条信息：小陈今天把橡皮放在嘴巴里面。随即就去上课了。

没想到我真忘记处理这件事了。当天有个孩子头晕不舒服，又有教研活动，还有一些常规资料需要整理……忙得昏头昏脑，等我终于想起来看手机消息时，一连串的问号映入眼帘。

　　小陈妈妈：？

　　小陈妈妈：刘老师有空回我电话吗？

　　小陈妈妈：【语音通话已取消】

　　小陈妈妈：刘老师您看到消息了一定记得回复我！知道您忙，我等您！

　　我赶紧给这位家长回拨回去，对方秒接，电话那端传来焦急的声音："刘老师，小陈到底是怎么回事啊？是突然把橡皮放在嘴巴里吗？还有其他症状吗？他本来就太活泼好动，我也想知道到底是哪里出了问题……"

　　我一时语塞。一是心虚自己忙昏了头，没有去调查事情的起因、经过、结果，像个不懂事的小孩一样，只会向家长告状；二是惭愧自己没有及时处理，没有及时回复消息，给家长带来了心理负担；三是害怕，刚步入教师岗位时年轻气盛，在教育观念上与这位家长有过摩擦，怕因为这件小事再次与她产生矛盾。

　　面对小陈妈妈的追问，我赶紧先表示这是小男孩疯闹时没有尺度、不注意安全和卫生的危险行为，不是一种怪异行为，也承认了给她发那条没头没尾的消息时，带有对小孩学习态度不认真的怒气。小陈妈妈听完，长叹了一口气，说："刘老师，您知道吗？作为一个妈妈，我工作时看到这条消息会非常焦虑，担心自己的孩子是不是有问题，是不是需要治疗。他的确很难管，最近对待学习也很松懈，是我工作太忙疏忽了他，我愿意想办法去沟通去解决，就怕是自己处理不了的生理性的问题。"

她的话让我更加汗颜。孩子不合规矩的行为表现，如果不经过滤处理，直接传递给家长，其实是一种"甩锅"行为。其实，把橡皮放在嘴巴里并不是一件"天大"的事，只需要几分钟的时间去调查，强调安全文明游戏即可，和作业写得不认真是两件事，需要分开处理，而不应一股脑地将负面情绪递送出去，引起家长的焦虑和担心。

教室里每一个普通的孩子，都在妈妈心里发着光，都承载着家庭的全部希望。我们作为教师，遇到事情不应逃避，应先尝试解决，再和家长慢慢沟通。情绪稳定更能获得家长的信任、理解和支持。不能因为一点点疏忽，让教育成为压垮家长的一串串问号。

谨以此文，提醒年轻莽撞的自己。

静悄悄的"调皮鬼"

文/明茜

叮铃铃，下课铃声响起，我应声加快脚步向教室走去，准备早点儿给孩子们打饭。一到教室，只见孩子们正忙着用湿纸巾擦手，虽然嘴上叽叽喳喳说个不停，但手上的准备动作丝毫不受影响，一切一如既往。

"今天有鸡腿哦。"我特意提高音量，报着菜名，希望孩子们能被鸡腿吸引，尽快安静下来，做好吃饭准备。果然，几个孩子已经闻声调整坐姿，显然是把老师讲的"谁先做好吃饭准备，谁先来吃饭"放在了心上。这个时候，调皮的孩子们也挺直了腰板，希望早点儿品尝美味。这时，我发现一个睡着的身影，定眼一看，原来是一向活蹦乱跳、下课就看不见踪影的严某某同学。

"小刘，严某某什么时候开始睡觉的啊？"我边打饭边问道。"刚打下课铃就睡了。"旁边的孩子积极回应着。我示意大家安静下来，手上打着饭，心里感到奇怪。从一年级开始，就没有孩子在课间睡着过，更别说在美食面前了。精力旺盛的他们，连午休都得老师使出点特别手段才能勉强闭上眼睛。一向吃饭积极的严某某为什么会在吃饭前睡着了呢？

我想，这孩子肯定是课间玩得太累了。今天三个课间，每个课间都能看到他从这里跑到那里，忙得不亦乐乎。现在怎么会精神不好呢？孩子们的饭一打完，我就拿着测温枪来到他旁边，一测，体温正常。我轻轻拍醒他，提醒他吃饭。没想到，这个动不动就生气的孩子，这次非但没有生气，反而非常听话地自己拿着碗去盛饭添菜了。

看着这么乖巧的他，我一时间有点不适应，再看他走路也有点儿跟往常不一样。在我的印象中，这孩子的字典里就没有"走"这个字，到哪儿都是"跑"着去。难道他生病了？我问他有没有不舒服，他说没有。安静打饭，安静吃饭，安静地把剩下的大半碗饭倒在厨余桶里，这一系列的行为，让我迷惑。这孩子，没发烧，没咳嗽，今天怎么这么安静？最让我惊讶的是，吃完饭，他一反常态地拿了午睡毯回到自己座位上就准备睡觉。午检时，我特意多给他量了几次体温，但都没有问题。午休结束的大课间，我两只眼睛都放在了他身上，希望看到他与人游戏、与人下棋的身影，但他只是安安静静趴在座位上，面对他最好的朋友的热情邀请，他也无动于衷，活像只没精神的慵懒的小猫。

午写之后，我决定好好问问他，这次，我问的不是"你有哪里不舒服？"而是"你头晕吗？你想睡觉吗？你肚子痛吗？你有什么地方有点痛吗？"面对这样详细的问题，他依然摇头。但是看他的状态，我实在是不相信。我想起上次核酸检测，看似天不怕地不怕的他一看到医生，吓得转身就跑，最后还是家人单独带他去医院做了核酸检测。难不成他是因为害怕看医生，才不想承认自己不舒服吗？于是，我装作漫不经心地接着说："没生病最好了，健康的你可以跟同学们一起玩你最喜欢的围棋和斗兽棋，大口大口地吃你喜欢的鸡腿，哎，不得不说，今天的鸡腿真美味，可惜你给倒掉了，下午还有体育课呢。如果生病了，有专门的儿童医生，他们可厉害了，给你看一看，或许吃点儿药就好啦，再不行打个针也没什么，你这样的男子汉还能怕打针不成！怎么样，老师现在带你去学校的儿童医生那里看一看？"害怕进医务室的他，被好玩的游戏和美味佳肴冲破了心理防线，跟着我来到了学校医务室。

校医一看，判断他的扁桃体发炎了，还有点发烧。我赶紧联系家长。晚上家长向我反馈，孩子因为头天晚上睡觉没有盖好被子，晨检的时候有点流鼻涕，但没有发烧，所以没有放在心上，下午去医院，症状来得急，打完针，孩子才好一些。家长在电话那头对我对孩子的密切关注表示真挚的感谢。

原来，"躲闪""撒谎"背后隐含着孩子的担忧与畏惧，而抽丝剥茧，挖掘孩子们"言行不一"背后的原因，会让我们发现不一样的孩子，也会让自己有所成长。我为孩子付出时间与精力，孩子们锻炼我的观察力与决断力，教学相长，也许就是如此吧！

遇见，皆是美好

文/聂璐

回首教师生涯，这一路从兴奋不已、信心满满到稀松平常、迷茫怀疑。体味过三尺讲台上的甘苦，每每回味，总庆幸自己的职业选择，和孩子们的每一次遇见，皆是美好。

来自遥远星球的孩子

这是一个简单的小故事，故事的主角叫阮琸辰。当你在三楼走廊旁边看到一个小男孩隔着窗户默默地眺望远方的时候，请不要感到惊讶，也不要去打扰他。请听我讲述关于这个仿佛来自遥远星球的小男孩的故事。

"这是我的"是他的口头禅，同学们不能触碰他的任何东西，否则他便会噘着小嘴，紧抱双臂，小腿一蹬，发出"哼哼"的声音，一开始我尝试着单独向他强调一些必须遵守的规章制度，可是几番说教下来并没有什么作用。课堂上经常能看到小阮同学不拿出书本，或者"偷偷"离开座位，碰上他不太感兴趣的课就不去教室，我与其父母沟通，家校合作，耐心地对他引导、鼓励，与他交流，帮助他一起进步。

在大家的共同努力下，现在的小阮上课时能规矩地坐在座位上，对于简单的问题能勇敢地举起自己的小手；班级开展活动时会带着零食与同学分享；轮到他值日时，我会提醒他："小阮，今天该你值日哦。"他害羞地看着我，不知道该干些什么，那就从最简单的开始吧。"跟老师一起擦黑板。""老师，这个我会。"于是他像个小马达一样从座位上一路小跑着去拿黑板擦开始擦黑板，"你擦得真干净。"我向他竖起了大拇指。从那以后，每次快放学的时候，他总会在教室跟我一起整理同学们的桌椅。

现在他虽然还不太自信，与人说话总是低着头，对于自己没有万全把握的事情不敢尝试，但是他是班上最懂礼貌的那一个，午休结束后会主动地向老师和同桌礼貌地问候一句"中午好"，发现班上有同学说脏话，他会提高一点音量，瞪着一双大眼睛严肃地告诉同学说脏话是很不礼貌的行为！他时时刻刻懂得礼貌用语，也影响着班上的每一个孩子，让同学们明白文明用语是一件顶重要的事情，更是人与人之间沟通的心灵纽带。

那个"坚韧"的女孩

女孩名叫冯若夏，人如其名，她带给人一种向阳而生的温暖。她是个活泼好动的女孩儿，因为她的贪玩和胆子大，曾在班上惹了不少的麻烦：课间喜欢与男孩子一起疯闹嬉戏；把教室前后门堵住不让同学进去；运动会时错过报名时间，回家没办法跟父母交代，假称老师不让她报名；午休爱偷偷约上几个同学去空教室或者操场云游。如此几番折腾下来，我自然少不了与家长交流了解孩子的情况。

　　耐心地倾听了其父母讲述她击剑的故事以及父母对孩子的期望，我被这个女孩儿身上的韧劲所打动，也对这个几年坚持如一日的击剑女孩儿有了更多的接触与了解，每逢课间她会蹦蹦跳跳地跑到我身边讲她比赛中的趣事，看到她拖着受伤的腿，但是脸上却流露出灿烂的微笑时，我都会莫名地心疼和欣赏她。特别是学期临近期末，她的手在比赛中受伤没法写字，但还是每天坚持来到学校，履行语文课代表的职责。她的父母还给我发了一大段温馨的话语，表达对老师的感谢。这个坚韧的女孩，她就像一个小太阳，给周围的人带来温暖和希望！

　　教育是一项关于美的事业，是向美而生的事业。对待学生，我始终认为，每个生命都天生不同，每个孩子都有无限的可能。作为教师，我们要鼓励、欣赏、引导学生去实现更好的自我发展。若是花的种子，让她迎风盛开，灿烂绽放；若是树的种子，让他扎根土壤，长成参天大树！

孩 子 的 真

文/孙玲

跟孩子们相处得越久，越觉得了解得不够多，甚至总是有惊喜和意外。

班里有一个小男孩，小大人似的，出口成章，说起话来一套一套的，有时老师都说不过他。每当他讲道理的时候，还会排序号，按顺序来罗列，一二三四讲得明明白白，让人觉得这孩子真了不起，读过这么多书，还能记住，还能在恰当的时候用上，这令身边的老师和同学对他称赞连连。

一次，他在课本上乱涂乱画，被老师看见了，他很快用手捂着，向老师投来充满歉意的目光，似乎在说：老师没看见，老师别批评我。这个时候，他是个孩子气十足的学生。

一次课间，我看到他和五六人围在一起玩游戏，看不清在玩什么，只远远看到瞬间口号响起，各人四散开来，兴奋不已。出于安全考虑，我喊他们几个来我面前玩这个游戏，我说快到老师这儿来玩，老师看看你们在玩什么。很快，孩子们朝我围过来，但没有一个人再伸手出掌继续游戏，独独他继续伸手试着正反，还催促其他同学快出掌。我微笑看着他们，观察他们的反应：这几个游戏的孩子，包括班级其他过来围观的孩子都在小声议论：老师要批评你们了，你还玩什么呀。他边笑边回答：没有啊，老师是叫我们到这里来玩，没有说批评啊。这句话惹得周遭的人一阵大笑，包括我在内。此时人群中有一个学生大喊：某某某，你太天真了啊！他才尴尬地跟着大家一起笑起来，缩回正准备继续游戏的右手。

　　还有一次，他因为与小组其他成员闹矛盾，争执起来，拿出他讲道理的绝招，把对方气哭了。了解情况以后，我喊他来谈心，各种大道理小道理讲了个遍，最后他终于服气了。总结的时候我问他："怪不怪老师？"他说："道吾好者是吾贼，道吾恶者是吾师。"我说："那我是什么呢？"他说："你指出我的缺点，帮助我改正，当然是我的老师啊！"

　　最近，他与老师和其他同学交流时，甚至在课堂上回答问题时，总是喜欢抓、揪、扯自己的衣服下摆，甚至把衣服帽子扯到胸前来不断抓、扯，令人十分费解。想不出怎么劝阻他，在与他交流时，我也开始抓扯自己的外套，他看到后，直呼："老师，能不能不要再抓衣服了啊，看着好难受啊！"我马上回答："好啊，我们从现在开始都不要再抓衣服，与人交流时，这样的行为，确实会令人很难受啊，你也感受到了吧！"他回复我一个腼腆的笑脸。果然，后来他再也没出现这样的行为。

　　孩子的真在他身上展露无遗。孩子之所以是孩子，是因为他们天真、善良，他们带着童心看世界、读人心，他们的眼里、心里都是真。以真换真，另有一番风景。

还卷吗？

文/杨艺

　　去年晋升为宝妈后，一直非常关注孩子的成长，按时儿保，科学喂养。可是孩子之间的发育差异还是很明显的。别人的宝宝长牙了，我家的宝宝怎么还没有长，是不是缺钙？别人家的宝宝会喊爸爸妈妈了，我家的宝宝怎么还不会说话，是不是语言发育迟缓？我的内心十分焦虑，想到娃已经周岁了，是不是要报个早教班呢？

　　想到之前一个电视剧《小舍得》，弹幕上出现了两个词语"内卷""鸡娃"，我想我已经被卷起来了。"鸡娃"教育就是孩子们就像被打了鸡血一样，不停地被自己的父母安排去读书、去学习。父母不断激励孩子的这种行为就称作"鸡娃"，每天这样不停学习拼搏的孩子也被称为"鸡娃"。家长的这种焦虑还被描述为："每报一个班，就好像往功德箱投了一笔钱，求的是心安。能够安慰到家长焦虑的心。"我好似可以理解家长们的焦虑不安了。

　　之前和班上一个小朋友闲聊，她告诉我说她放学要接着去补课。我随口问道："那你要学到什么时候呢？会不会觉得累？"她无奈地告诉我："除了周二，其他时间都有课外班。"我大吃一惊："那周末呢？"她叹了一口气说："当然是有呀。"一时间我难以接受。我知道孩子们学习压力大，班上的小朋友们基本上都会参加课外课程。没有想到，孩子课后的时间已经被挤压成这样了。这种"鸡娃"教育可行吗？后来，我注意观察这孩子：每天上课趴在桌子上听课，思维是跟着老师走的，可是精神状态不是很好，看起来有些闷闷不乐。和其他老师沟通，都说这孩子状态和一般小朋友不一样，像五六年级的大孩子，非常沉稳、内敛。

借着让这孩子帮我送作业本的机会，我问她："现在还是每天有课外班上课吗？周末有没有和其他小朋友出去玩呢？"她突然委屈地大哭起来。她说，周六完成老师布置的踏青赏春的活动，下午去上小提琴课被老师批评了，因为踏青没有时间练习小提琴。想玩、爱玩是孩子的天性啊，课程安排得满满当当，连这么乖巧的孩子都承受不住了。看孩子这么委屈，放学后碰见孩子的家长，聊了很久。家长告诉我，她有考虑过这方面的问题，遵循孩子的意见，孩子却不愿意放弃任何一门课外培训班。或许孩子经过长期鼓励、坚持已经习惯了，家长下班后需要放松休息，学生更是如此啊。

家长们不仅关心孩子的现在，希望自己的孩子能有个幸福快乐的童年，还关心孩子的未来，希望孩子有所成就。家长们越来越担心自己的子女可能落后于他人，因此在孩子很小的时候就敦促他们脱颖而出。

而教育应该是顺应孩子的天性和特长，在不同的阶段对应不同的、合适的教育方式。孩子擅长什么，喜欢什么，就鼓励孩子去做，家长所需要做的就是陪伴和支持，让孩子感受到是被爱的；有需求时可以得到家长的回应。这样，孩子遇到困难、受到挫折时，他们才会有勇气坚持下去。不仅是我要改变，我也要帮助家长们改变这个想法，和家长们共同成长。

我不想上学

文/张奕

"张老师，小吴今天晚点到，吃早饭时碰到小溪，突发了些状况，晚点跟您说！"

收到这条微信时是早上8:03，我正在教室指导晨读，看着班上空着的两个座位，心里忐忑不安。

落实晨检、抽查背诵、检查卫生，一切都在有条不紊地进行着，但我的大脑里始终有一根神经紧绷着，随时等候手机响起。秒针飞快从钟面划过，转眼到了第一节课。我正准备给小吴妈妈打电话时，她的微信来了："原来小溪这两天经常说胃痛要请假，不是真的身体不舒服，而是跟您闹别扭呢！"想起前一晚放路队时还特意关照小溪，提醒她按时吃饭，慢性胃炎不可怕，慢慢调理，过段时间就好了。看完消息我愣了半晌，心中不免有些难过，这娃啊，我时时刻刻把她的身体状况记挂在心里，她怎么还跟我闹起别扭来了？

带着满肚子的疑问回到办公室，拨通了小溪妈妈的电话，很快便接通了，听着电话那头隐约的哭喊声，得知她们在大门口后，我放下手中的语文书，赶了过去。

果然，在大门口看到了她们。小吴对我说："张老师，心理委员的任务我完成啦，剩下的就交给你啦！我得赶紧上去了，数学课迟到可不得了。"说完便走进学校。小吴妈妈把我拉到一旁悄悄告诉我，她们是早上吃饭时碰见的，小吴看到小溪噘着嘴情绪不高，主动上前询问，才得知这小姑娘的心事。作为班上的心理委员，义不容辞地开导她，还拿自己和班上另一位老师"闹别扭"的故事来劝慰她，虽然把小溪从噘着嘴劝得大哭起来，但无论如何先把情绪发泄出来总归是好的。看来这个心理委员还是很称职的嘛！说完，可能是想要留出单独的空间给我和小溪一家，小吴妈妈便与我们挥手告别了。

小溪此时还在妈妈的怀里哭闹不止，看到我的到来，更是变本加厉，嘴里还叫着："妈妈，走啊！我不要去上学，我不要进学校！"虽然到目前为止，我还不知道她为何与我闹别扭，但看到她哭得撕心裂肺的样子，我很心疼。她个子小小的，在妈妈的怀里就像一个刚上幼儿园的孩子，不忍与妈妈分离，抱着妈妈不肯撒手。这画面让我不禁想到我儿子两岁半刚上幼儿园的时候，也是如此，哭闹着不肯离开妈妈。

我走上前，轻声对她说："小溪，你看，妈妈都快抱不动你啦，有什么事，跟老师一起进学校里去说好吗？"毫无疑问，她拒绝了，不肯从妈妈身上下来。于是，我继续说道："那让妈妈跟我们一起，去保安室门口的凳子上坐一会好吗？别把妈妈累坏了。"她终于同意了。我们仨一起来到保安室门口，我让小溪妈妈抱着她坐在凳子上，我蹲下身来，好平等对话。

没等我开口，小溪妈妈先说话了："张老师，今天真是不好意思，这孩子之前一直说胃不舒服，我带她去医院检查，医生说是慢性胃炎，按时吃药就没事了，但她就是不愿意来学校。今天碰到小吴后，才肯说出实话。她说一个月前有一次上语文课，好像是上《飞向蓝天的恐龙》时，您点了她和小可回答问题，她们俩都没答出来，但您让小可坐下了，却没让她坐下……"我在大脑里飞快地搜索着相关的信息，可怎么都想不起来。小溪是那种安静乖巧、不善言辞的孩子，这么让老师省心的孩子我喜欢都来不及，何来"罚站"一说呢？

小溪妈妈继续说："这孩子说自己是中等生，老师只喜欢小可那样的优等生，所以不想去学校。我们家跟小可家住一栋楼，平时都不见她们俩玩耍，小溪看到她就绕道走，这可怎么办呀？"小溪听到这，像是受了天大的委屈，哭得更厉害了。我慢慢理清了思绪，断定小溪是认为我偏心所谓的"优等生"，而忽略了她的感受，才有了与我"闹别扭"这一举动。我拉着她的手对她说："小溪呀，你怎么会认为自己是中等生？你的作文张老师多喜欢呀，每次习作课都当作范文来读；还有你的字写得多好看呀，像印刷出来的一样。记得那个周末吗？我们在二妃山碰到了，你把滑草板借给张老师的儿子玩，满满弟弟回家可是念叨了好久，还想跟你一起玩呢！"听我说完，小溪渐渐不哭了，那双大眼睛扑闪着，认真听我说着。"你觉得张老师偏心优等生是吗？小可去年期末发烧没来参加考试，开学时她的卷子做得一塌糊涂，你知道老师怎么批评她的吗？"小溪妈妈听我说完，翻开手机，对小溪说："是啊，你看，张老师多关心你呀！去年的成长手册上她写的评语是你总穿着黑色的长袄子，像个小巧玲珑的洋娃娃，非常精致可爱，希望你多吃饭、长高点。你看，老师连你经常穿什么衣服都记着呢！"小溪妈妈接着翻我和她的聊天记录，一一给小溪展示，"你看，张老师从来不在微信群里发作业，但你每次请假，她都会把当天的课件、重难点和作业单独发给妈妈，生怕你落下课。"原来我竟和小溪妈妈有这么多的沟通，平时工作太琐碎，我都不记得了。小溪一条条认真地看，终于，她低下了头，沉默不语。我看她情绪缓和了，便对她说："小溪，妈妈还要上班，要不你跟张老师回班上？"她终于不拒绝了。

告别了小溪妈妈，回办公室的路上我思绪万千，在小学生活中，看似件件都是小事，但又都不是小事，因为那都是每个孩子童年时光中的大事。我们的一句话、一个眼神、一个动作，都有可能在孩子心中留下深深的伤痕，哪怕只是无心之失。小溪牵着我的那只软软的小手，还有小溪妈妈真挚又期盼的眼神，让我明白身上的担子有多重。"老师"二字承载的远不止"传道授业解惑"，它是孩子开启人生篇章的序言，也是打开未来大门的钥匙。我在心中默默打算着给娃们布置一个周末作业：写一件最让我烦恼的事。希望我在传道授业解惑的同时，也能成为孩子心灵的"垃圾桶"，收集坏情绪，贩卖好心情。

我是光谷伢

文/张越

　　我是一个出生于光谷、求学于光谷、执教于光谷的光谷教育人，是一个地地道道的光谷伢。何其有幸，我能见证光谷从无到有，从荒芜到繁荣的腾飞之路。

　　2018年，我从华中师范大学毕业，来到了欣欣向荣的"谷拾"校园。从学生变成老师，我的心里满是憧憬：穿上漂亮的裙子，讲课、游戏……一群可爱的小朋友围着我唱唱跳跳，多么美好！

　　可是，理想很丰满，现实很骨感。原来，工作并不只有优雅与诗意，更多的是琐碎与繁杂。这些精力旺盛的小家伙们，会在走廊上疯跑打闹，我劝了这个又跑了那个；玩得忘了上厕所的孩子一着急尿湿了裤子，给他处理时我的手上、裙子上沾上了尿渍；深夜凌晨，有些焦虑不安的家长还在电话那头喋喋不休，我一遍遍耐心解释着，内心却在崩溃地呐喊。

　　渐渐地，我感到迷茫、自我怀疑，多么希望自己会变魔法，杜威、卢梭、陶行知……理论书籍里的大师们，快来救救我吧！

　　教育的路上，我跌跌撞撞地摸索、思考、行动。直到在另一个光谷伢的成长路上，我收获了行与思的跃升。

　　他叫龙龙，同学们叫他"逃饭"大王。为什么给他取这个外号呢？因为他每逢吃饭就逃跑，"抓"回来了也不好好吃。有一次，他正准备从后门偷偷溜走，被我逮了个正着。我正打算和他好好谈谈，忽然注意到他习惯性地把手指伸进嘴里捣鼓着什么。仔细一看，好像是在调整牙套。我顿时意识到什么，问道："牙套戴着很不舒服吗？"他点了点头。我轻轻地捏着他的嘴唇，翻开一看，哎呀！好大的一个水泡，又红又肿！难怪不想吃饭呢。

我赶紧带他去医务室上药。他说："老师，我跟爸爸妈妈说过自己嘴巴很疼，吃饭的时候更疼。可我爸妈说：'男孩子不能娇气！戴牙套不舒服要学会克服。'可是，我太疼了！"听了他的话，我心里说不清是什么滋味，大人都认为这是牙齿矫正的正常反应，同学们也只是把他的行为当作一种不遵守纪律的表现。是想当然？还是真正地去贴近儿童？我的脑海里浮现出王校长平日说的一句话：要当一个好老师首先要做儿童的观察者、追随者和陪伴者。如果不仔细观察，我不会发现，吃饭对于我们来说是一种享受，而对龙龙来说却是一种折磨。

事后，我积极与龙龙的家长联系，去调整牙套，治疗口腔溃疡。午饭时，我会陪着他一起慢慢吃，引导他细细品味食物的鲜美。我想，他是感受到了老师的爱，自己说不出来的感受，老师能够看到，感受到。渐渐地，我们班的"逃饭"大王变成了"干饭"大王！更令我惊喜的是，这个在同学们眼中调皮捣蛋的孩子不但吃饭变得积极了，上课发言也愈发踊跃，为班级服务也总是冲在前面！

龙龙的变化触动了我，也让我明白了应该怎么陪伴儿童成长。

小学老师的岗位就是那么平凡，那么琐碎，有时候甚至还不被人理解。但这并不代表没有意义，因为我知道在吃饭、排队、上厕所这些孩子生命中无数的小事中包含着教育的意义，包含着一个大人对儿童的理解、尊重和关爱。从那之后，我慢慢沉下心，在自己平凡的岗位上努力耕耘，逐渐成长为备课组长，成长为学校的优才合伙人。

我是光谷伢，在恩师们的教导下成人、成才，成为光谷教育人中的一员。我也希望我们培养的光谷伢，未来长大成为我们光谷的教育家、科学家、企业家，成为身心健康、素养卓越的好公民。大城有我，光谷有我，我立志成为一名肩负历史使命感的创新型教师，为光谷的灿烂未来贡献自己的微光！

第一次齐心协力

文/赵为

有几次，早上，我悄悄躲在后门，学生没有发现我，收作业的小组长下座位收作业，同桌聊天，打扫卫生的同学来回穿梭，读书声若有若无，教室里熙熙攘攘，宛如菜市场，很乱。我在的时候和不在的时候两个状态。虽然我在教室的时候可以控制全场，但是最好的管理不是班主任的一言堂，学生自治才能真正促进班级向好发展。于是，我找到了班长小周，小周无奈地对我说，她早上组织朗读的时候没人听她指挥，她记录了不认真读书学生的学号，学生也会找她理论，她一个人面对好几个人的时候，就会理论不过。原来小周在管理班级的时候孤立无援，双拳难敌四手。我接着问她："副班长小高和学习委员小苏不来帮你吗？早读管理员不管吗？"小周无奈地摇摇头叹息："早读管理员不管纪律，大家都坐好后他们才会带读。""那小苏和小高呢？""赵老师，上次我要小苏和我一起管理，小苏说让我一个人决定就好了。"听到这里，我明白了，原来班干部之间没有合作，大家都各扫门前雪，班级的事等着我处理，我不在或者我处理不过来的时候就让班长小周一人撑起来。这种一盘散沙的班干部，没办法聚成合力来处理班级"难搞的事"。

思前想后，我决定与五个班干部交流合作与共赢。小周和小苏是五人中能力较强的，小周作为班长平时认真负责，也有气场。小苏作为学习委员，在帮助班上学生解决难题的时候，总是一马当先，耐心细致地讲解。我决定先攻破小苏。我告诉小苏权利和义务是相对的，担任班干部需要履行相应的义务。接着又以政府的权力架构的层层分级类比，告诉他，一个国家的繁荣昌盛不仅靠主席，还要靠每一位省长市长甚至每一个基层工作人员；班级管理同样如此，班主任领头，但只依靠班主任和辅导员，班级也很难管理好，一个优秀的班级是老师和班干部合作的结果。我们期望五班未来是什么样子，就要为它的未来出谋献计，一起带领班级走向更高境地。小苏被我说通了，若有所思地点点头。

接着我又逐步引导他们认识到班干部的责任，并且告诉他们班长和劳动委员的职务没有高低之分，只是职责不同，大家都是平等的，班长在处理事情的时候，其他班干部完全可以挺身而出，而不是说这个事只有班长才能做，在赵老师眼里，每个人都一样，每个人同样重要。之后我还告诉他们，班级管理可以培养大家的管理能力，未来走上职业岗位，管理能力会是走向成功的法宝。

这一番思想教育后，第二天，第三天，我路过走廊，都听到了教室里响亮而整齐的读书声，我心里默默给班干部们点了个赞。

色彩缤纷的她和他

文/朱凡

1号——聪明机灵小企鹅

我们班的1号小朋友很有个人特点，圆滚滚的身子，圆滚滚的大眼睛，看起来就像一只懵懵懂懂却时而淘气的企鹅。

他和不熟悉的人不太张嘴说话，嘴巴抿得紧紧的，仿佛一丝空气也不给放进去，而课堂上坐端正对他而言好像是一件无比困难的事情，他常常翘起一条腿压在另一条上，扭着半个身子，把前胸压在课桌上，一颗脑袋倔强地盯着黑板，一双扑扇着长睫毛的黑眼睛咕噜噜地转。对这个课堂行为习惯不好的孩子我经常会严肃地提出警告，或是点他回答问题，但他不张嘴，沉默地站在教室里，我很无奈，也很生气，为什么他犯了错却还一副满不在乎的样子呢？思来想去想不通。后来一次习作课，要求写自己喜欢的地方，他洋洋洒洒介绍了自己家乡的一艘停在湖面上的餐厅船，其中有一句话写得很有童趣，只是动词和形容词搭配起来并不和谐。我觉得很有意思，单独找他订正这句话，想象中他会沉默地接过习作，默默把那句话修改过来；没想到他听了我笑着念他写的那句话时，裂开嘴巴露出白白的牙齿，和我一起笑了起来，还一脸兴奋地给我描述他习作里的那艘船的来历，以及那里的菜的美味，那里的景色的美丽。我兴致盎然地听着，在和他的一问一答里仿佛建立起了一道和他的沟通桥梁。从那次习作交流之后，我在课堂上提示他的行为习惯时也会注意少用严厉的语言，多用一个"你应该懂"的眼神，他对此的回应也是迅速纠正坐姿。后来和他妈妈交流，才知道他并不是一个沉默的孩子，话多的时候妈妈也招架不住。

我想，他变化契机在哪里呢？也许是因为经过了长时间的相处，也许是因为我那天带着笑意，也许是因为他当时心情正好……我猜测他在和老师沟通时的态度为什么会有这么大的变化。在日渐深入的相处中，我发现，小朋友对老师都是自带柔光滤镜的，对于他们来说，这种柔光就是愿意亲近和走近老师的吸引力，当老师口若悬河向他们传授知识的时候，当老师垂下头笑着注视他们的时候，这种柔光更具亲和力。

14号——美丽鲜活白天鹅

网课上了一个多星期，同学们已经有了在线上隔着屏幕互看嘴形来了解对方说什么的默契，偶尔一个两个还会搞一些炫目多彩的背景图片，然后对上眼神互相笑到眯起眼睛。当然这只是愿意和老师分享自己的居家线上学习状态的小部分，更多的同学我只能看到黑色的背景和偶尔更换的符合自己性格特征的头像。而14号的小娟总是会开着摄像头，而且总是保持着老师在进入直播教室后第一眼看到就端正坐好的安心状态。她是一年前从别的城市转学来的，听妈妈说在家乡的学校一直都是班长，所以性格开朗大方，自信活泼，能管得住事情，这一年以来也渐渐成了我的好帮手。

网课省去了管理班级的一些琐事，但孩子们的心理状态和学习态度却更加让人担忧。我心里有一个黑白名单，上课和作业重点自然都放在黑名单上的同学那里，小娟当然是属于白名单上的那一批。没想到，周五下午，小娟的妈妈打来电话，声音有些发抖和着急，说发现孩子边上直播课边抹眼泪。妈妈也和我一样，是把女儿放在"白名单"里的，所以对于女儿的悲伤情绪感到心疼和着急。原来是她在课上被老师批评了，因为前一天老师讲过的重点知识她上课没理解，下课后又去问了老师，老师告知她后在课上提醒她要认真听讲。于是一向被老师放在"白名单"里的她觉得自尊心受到了打击，一时忍不住抹了几把眼泪，正好被她的妈妈看到了。

挂上电话之后，我给小娟的妈妈发消息，准备第二天找小娟聊一聊有关成长路上的批评以及学习态度的话题，没想到晚上她妈妈回复了消息，大意是已经和孩子聊过了，她现在也已经想通了，可能是以前没有被老师批评过，所以一时间受不了就哭了，并且很后悔自己说过再也不喜欢批评了她的老师这句话，决定返校后自己去和老师沟通，请老师指导学习方法。这件事让我对小娟的看法有了改变——能够自我管理情绪的四年级小学生，可是很了不起的哦。

来自"客服"小何的拒绝

文/何欣怡

不知不觉，线上教学已经持续了快一个月。比起9月初开学时上网课的慌张，老师和同学都渐渐从容了不少，具体表现在：上线"阵容"越来越整齐，小组长清点人数越来越快，上课点人发言越来越顺畅，线上课的效率也越来越高。线上教学期间，除了老师，我还是一名"全职客服"，学生、家长都可以随时找到我。不会打字的小朋友会给我发语音问问题，时常也有孩子给我发来想念的话语。家长们有问题我也会尽快回复，我的原则是尽量满足大家的要求，以求最大限度地缓解大家的焦虑。但是，这天我没有满足一位家长的请求。

"何老师，西西在家很不听话，每天晚上报听写都不写，还跟我顶嘴，麻烦您明天上线的时候帮我提醒一下她，孩子听你的话。"收到短信的时候，我是比较惊讶的，倒不是因为这个要求多特别，其实不少家长都表达过这种需要我配合"唱黑脸"的要求。比如，有时候我正直播着，有家长会偷偷给我发消息说自己从门缝里或者另一个角度的摄像头中看见孩子在做小动作，想要我帮忙提醒。我通常都是比较乐意配合的，家校合作嘛，大家平时很愿意配合我和学校的工作，家长有要求我也愿意配合。而且看着孩子以为我看不见的时候，被我提醒时困惑的小表情，我觉得很有意思。

但是这次这位同学，确实有些出乎我意料。虽然有日子没见了，但是西西聪明乖巧的样子浮现在我眼前，这个小丫头在班上非常积极上进。她是值日班长，对老师布置的任务从来都是又快又好地完成。聪明又能干的她在同学和老师眼里可是很厉害的，而这样一位小丫头在家居然还有点小叛逆？

这位妈妈反馈的问题，看起来是孩子不愿意学习，实际上真正的问题出在亲子关系上。在学校和别的同学比着学，抢着完成任务，可能正是孩子学习更多地受外部动机驱动的具体体现。比起掌握知识，她更能从老师的称赞和同学的钦佩中获得成就感。网课期间长时间待在家里，没有了同学和老师的鼓励，孩子的内驱力不足。

先看看孩子的表现——"在家很不听话，报听写不写，还顶嘴。"这些表现是够让家长抓狂的，但这也恰恰是三年级孩子的特点。孩子一到了九岁、十岁，好像就没小时候那么乖巧了，说啥都不听，不止一位家长跟我提到过这个令人五味杂陈的改变。

这个阶段的亲子关系，真的就像"刺猬遇到豪猪"，互相扎针，两败俱伤。但如果换个角度看呢，这是令人欣喜的信号啊！孩子不再人云亦云，对身边的事物有了自己的想法，他们的"不听话"是难能可贵的精神觉醒。不愿意再无条件受父母的操控，是成长的第一步。他们宁愿顶着"风险"，也想和大人对抗一回。这位妈妈和孩子间的矛盾爆发在"报听写"这件事上，双方的立场不同，态度也不一样。可能妈妈的想法是："每课生字学完，我先帮你在家复习一下，老师听写的时候你不就能全对了吗？"孩子的想法却是："每天你都要给我加任务，听写又不难，我能应付，不要你操心！"妈妈的出发点都是"为你好"，而孩子却觉得"你好烦"。为什么呢？因为孩子感觉到不被信任。家长不信任她能管理好自己的学习，便事事周到地为她打算。对这个小丫头来说，妈妈不信任她能独立掌握每课所学的生字词，她的反抗是要夺回对学习的自我控制权。

　　于是，我拒绝了这位妈妈的请求，并这样回复她："在家和孩子沟通要注意方法，孩子到了这个年龄段，不是简单的'让指令从老师嘴里发出'就会有效果。老师的要求主要针对课堂学习和课后自主复习，在家的学习要求还是需要家长自己和孩子达成共识，让她承担起自主学习的责任。比如听写，如果她自己复习好了，能保证课上听写的正确率，那么还需要家长提前巩固听写吗？如果课上听写总是出错，那就需要在家做好复习巩固，妈妈报听写就是巩固的一种方式，把这些跟她讲清楚，让她自己做出选择，不硬性要求和规定。网课期间在家学习看似没有了同学和老师在一旁通过'内卷'的方式让她积极上进，其实更是培养她的学习内驱力，如果她能做到对自己的学习效果负责，相信回到学校后，她会更加优秀。"

我当"三镜班主任"的日子

文/罗莉

做班主任工作，穿行于琐事之间，不能没有"三镜"意识。

一是要有"显微镜"意识。

班级里的事，看似都是小事，但小事呈现的微观现象不容忽视。因为小事容易从量变发展成质变，要有警惕意识让事情在萌芽状态就得到妥善处理，让它不至于逐渐往失控的方向演变。

一次，学校组织学生玩"斗蛋"游戏，每个小孩都开开心心地用彩绳网兜住煮鸡蛋，挂在胸前。游戏还没开始，张同学就哭着找班主任老师说李同学把他的鸡蛋打碎了，老师觉得小孩子之间纠纷难免，就是好玩儿。于是把自己手边的一个煮鸡蛋送给了张同学，并安慰了几句，见孩子破涕为笑就以为没事了。结果在斗蛋游戏时，老师送给张同学的鸡蛋太脆弱了，一击即溃，孩子伤心地回家去了。晚上，家长打电话向老师说了以下几点：

第一，孩子带去学校的鸡蛋是头一天晚上在煮熟的二十个鸡蛋中一个个"斗"出的王者，为了挑出那个强大的鸡蛋，孩子和家长花了不少时间。孩子一心想着在斗蛋游戏中获得胜利。

第二，将孩子鸡蛋弄碎的李同学比较调皮，以前扔过自己孩子的文具盒，在孩子衣服上涂画。这次听说自己孩子带去的是个有战斗力的鸡蛋，一把抢过砸在地上并用脚踩，在自己孩子去抢救鸡蛋时踩到孩子胳膊，现在胳膊淤青了，拍图为证。并要求追究对方"校园霸凌"的责任。

第三，感谢老师送了一个鸡蛋给自己的孩子，但更希望老师了解事情真相，给孩子一个公平。

平心而论，家长的担忧和诉求合情合理。可想而知，重新将这件事进行场景还原、事件调查、双方协调、认真处理所要花费的精力不止一点。如果班主任一开始就不轻视问题，多问几句事情的经过，尽可能具体地了解情况，就能以最小消耗精准地处理问题。

所以，充分了解学生的家庭结构、个性气质、人际交往、特长短板、心理状态、个性诉求是非常有必要的。一花一世界，一叶一菩提，把微观世界放到"显微镜"视角下看才能看得更明白。

二是要有"放大镜"意识。

班级中每天都在发生许多事，当你具有"放大镜"意识，事件中的教育意义才能得以呈现。

选摘二则全国优秀班主任杨红苹老师的教育记录。

1.一个细节见班风。我进门坐下，学生跟着进来时，我听见课本滑落，并不能确定是他不小心还是我不小心撞到了。这位学生立马弯腰帮忙拾起，还对我说了一声"对不起"。

2.突发事件：一个小伙伴的饭盒不小心滑落了，地板都脏了。有两个娃直接迈过去吃自己的饭，有三个娃"哟咦哟咦"拖腔拿调地叫起来，有一群娃立马转身拿来劳动工具，他们捡饭盒、扫剩菜、拖油渍，地板迅速变干净。为这一群团结上进、热心助人的

“问题解决者”点赞！

当班主任的眼里要看见良好班风的建设契机。试想，放大来看这两个例子都是非常好的教育契机。我们的学生在反观自身行为时最能获得内省与成长。这就更加需要班主任善于发现、善于提炼、善于抓住时机引导，让自己的“看见”被大家看见。

三是要有“滤镜”意识。

不带滤镜去看很多人和事的人那真是“人间清醒”。但是站在教育的第一线的班主任，如果不学会带滤镜去看待孩子和工作，就很容易陷入焦虑和倦怠的状态。

做班主任工作时我们以爱的粉红泡泡为底色，就能看见每个孩子独特的可爱之处、每件事情背后的可取之处。

小尤同学在很多方面都令人伤神，可他多有礼貌啊！他记得教过他的每一个老师，并总是热情地行队礼问好。

小田同学总是瞎说话，哪儿热闹哪就有他。可人家那办事热情和实诚劲儿，也令人叹为观止。

小熊同学崇尚公平正义，崇拜学识渊博的人。你说的是正确的、有道理的，他才会“缴械投降”。这可以促进老师进步与成长。

小涵同学一补作业就噘嘴生气，可她在田径场上真像一只轻盈又矫健的小鹿啊！

……

孩子们踢足球赛很拼，输了不说自己实力不够，却大喊裁判偏心；植物节种的树天天去看，发现树枝被折断了很心疼，气呼呼地要去找嫌疑班级的老师投诉……他们的世界天天是闹腾的、动荡的，你用滤镜去看，才不烦、不躁、不无聊，才觉有趣、可爱、蓬勃、饱满。

让我们在眼中和心中放好这三面"镜子"，有法、有理、有情，才能做一个与学生相生共长的专业的班主任，同时在与儿童打交道的过程中不断丰盈自己的生命体验。

我　和　你

文/熊忠梅

在和孩子一起成长的路上，总有一些惊喜的体验，让你不断感受纯真的美好。那些不断成长的小生命，总是会努力地向上，突然有一天，你就发现他们已经是一个个很棒很棒的小孩了。

表扬信给很棒很棒的我

十班的家长都很忙，忙着工作、忙着努力，忙到在一些活动需要召集家长志愿者的时候，总是没人能报名，倒不是大家不热情，只是每一次活动，都需要他们特意请假才能参与。要开家长会了，爸爸妈妈们都很重视和期待这一次家长会，他们想要看到孩子的成长，想要寻求让孩子变得更好的方法，想要了解孩子未来可发展的高度。正是因为懂得家长们的期待，我更加重视这一次孩子们的展示。

我给每一位孩子都准备了一张大大的奖状，把孩子们的作业都整理好，制作了学生学习生活的视频，可是这些都远远不够。什么才是最动人的呢？莫过于孩子自身的成长吧。于是，在家长会前，我给每一位孩子准备了信封和信纸，叮嘱孩子们好好表扬自己。

"爸爸，你知道吗？从一年级开始，老师就夸我字写得很好看，这是通过我一天天的练习得来的，也谢谢您一直在我身边陪我练习，你就像是我的天使陪伴着我……"

"妈妈，从开学那天起，我就想：'哇！红领巾真鲜艳，我也要成为少先队员！'现在，我终于戴上了红领巾。一年级时，我的字写得不太好，但现在写得好了很多呢！老师也表扬了我。这些进步让我很开心！"

"我在学校很开心。我觉得进入小学以来，我做过最好的事情是巴扬弹得好，字写得好。我觉得妈妈不要再说我了！爸爸早点儿回来！知道了吗？再次说明，爸爸早点回来！"

……

孩子们的真情表达让我深为触动。认可自己、接纳自己，做一个自信的小孩，是我们对孩子最真挚的期待。当家长们看到孩子们的信时会觉得，那些小小的人，会表达自己的情感，懂得自己的成长，真的是一个个很棒很棒的小孩呢！

手绘奖状给很棒很棒的你

除了对自我的肯定，还有对同学的夸赞。在家长会上，家长们收到了来自同学给自己孩子的留言条。留言条上，是孩子们相处的快乐，是我们的孩子被看见被认可的欣慰。为了鼓励孩子们多发现别人身上的优点，我以一张留言条和一颗糖作为"诱饵"，告诉他们，你对他人的肯定和赞美就是最美好的语言，这比任何一颗糖果都更甜蜜，所以老师要奖励你糖果，把快乐传递出去的人也会快乐，即是我们学过的"赠人玫瑰，手有余香"了。结果有个小孩给全班每一位孩子都写了一张留言条，成功领走了一包糖果，惹得全班同学一顿羡慕。

"我觉得你是一个特别搞笑的人，总是把我逗得哈哈大笑。"

"你在2021—2022年度待人友好，被评为友好学生。"

"我觉得你很大方，值得我学习。"

……

孩子们的留言来自生活中的点点滴滴，是最真实的感受。把肯定和赞美送给别人，通过糖果引导同学们用欣赏的眼光看待身边的同学。后来，手绘奖状也引发了孩子们的兴趣。

手绘给同学的奖状，让不少孩子乐此不疲。一次，我下课时看见孩子们忙着绘制奖状、等待老师颁发给同学，便"撒娇"："这么好看的奖状，我也想要拥有！"听我这么一说，不少同学纷纷拿出画笔，开始给我手绘奖状。什么"最美教师""优秀老师""最佳老师"的称号都出来了。我笑着一一接过来，开心地说："这是熊老师有史以来获奖最多的一天！这感觉简直太棒了！""因为你很好很好呀！"孩子们也来劲了，开启了高兴会传染的模式。

接纳自己，欣赏他人，融入集体，是最温柔的事情。

PART 2

风来，雨过，撑一把伞

沉默的小杜"博士"

文/许茜

一节科学课上，同学们正在进行激烈的小组讨论，小李同学突然跑过来说："我们组的小杜不参加我们的讨论。"我向小杜同学的座位看去，只见他一个人沉默地坐在那里，满脸倔强。要知道，小杜同学平常可是个"科学小博士"，阅读过很多课外书籍，对于我提出的一些挑战性问题常常能迅速想到解决办法。于是，我走到小杜"博士"面前，说："老师相信你一定不是故意不加入小组讨论的，这节课你先独立思考，下课后我们一起谈谈，好吗？"他有点不敢相信地睁大眼睛，随即点点头。

下课后，小杜同学主动找到我，委屈地说："不是我不愿意在组内交流，而是他们不愿意听我发言，总说我引用一些课外知识是为了显摆自己。"正说着，他们小组的其他成员也来到办公室，强烈要求换组员，理由也很充分："每次发言的时候，小杜只想我们听他说，但是我们发言的时候他从不认真听，我们不希望再和他一个组了。""我更不愿意在这个组！"小杜同学也不甘示弱。

看来，他们之间的矛盾已经很深了，这时，如果我批评他们，很可能会适得其反。如何让孩子们感受到小杜同学的课外知识丰富这一优点呢？不如暂且顺着孩子的意思，先让他们分开冷静一下，再引导他们换个角度看小杜同学。

于是，我对他们说："强扭的瓜不甜，既然你们都不愿意在一个小组，老师可以同意，只是有一个条件……"我故意停顿一下。他们听到我爽快地同意了，脸上露出了惊讶的神情。我接着说："老师不希望你们就这样带着怨气分开。所以只要你们能说出对方3个以上的优点，我就给你们进行调动。"

话音刚落，他们都松了一口气，觉得这个条件太容易了。"小杜的脑子转得快，知道的知识多，这点值得我们学习。""小杜的想法独特，也值得我们学习。"……大家争先恐后地说了很多小杜的优点。我悄悄注意到，小杜的眼里闪过一丝惊喜，但又有一些不知所措。他小声说："我以为自己在你们心中肯定很糟糕，没想到……其实我也觉得这个组挺好的，比如小李的英语口语很好，值得我学习；小刘电脑操作得特别熟练，让我羡慕；小庄每次作为代表发言时声音洪亮……"他说着说着突然停了下来，然后话锋一转："老师，我现在不想离开这个小组了。"我又望着小李，他听了小杜"博士"的夸奖之后，也不好意思地说："其实我刚刚就后悔了，我以为他看不起我们，但听他说完，我才知道我误会他了。他经常能想到很棒的主意，我也不想让小杜离开小组了。"

看到他们和好了，我感到很欣慰："那就抱一抱吧，你们还是好朋友，下次小组实验的时候，你们该怎么做呢？"

组长小李说："我是组长，应该协调好小组内每个人的关系，我们就规定以后发言的时候按顺序来，不能一言不发，也不能随意乱说。如果以后再有这样的情况，那个人也必须说出别人身上的优点才行。"

"这个主意真不错！"我忍不住夸赞小李。

小杜"博士"说："那我申请最后一个发言，我会耐心听完其他同学的发言，他们没想到的地方我再补充。如果我没有控制住自己，小李记得一定要多提醒我一下！"

之后的小组实验中，我经常留意他们小组的表现：小杜"博士"再也不"沉默"了，常常组织他们小组迅速做好分工，并科学规范地开展实验，下课他们还会在一起说说笑笑。

其实，不管是小杜"博士"还是其他同学，每个孩子都希望被他人认可，被同伴欣赏。作为教师的我们可以灵活利用孩子的这一心理来引导他们，让孩子们重新认识到自己在小集体中还是很有价值的。

掉线的导航系统

文/刘思意

八月底，我伴着秋老虎的余威进入光谷十小，准备接手三年级。中途接班需要磨合，为让磨合更顺利，我便提前向班主任咨询班上注意事项，尽快了解班级学生。班主任事无巨细地向我介绍班里每个孩子的实际情况，以及他们在一二年级的表现，让我印象深刻的是班上的"金刚"。班主任特意强调这个孩子相当聪明，但容易情绪失控，因此要特别留心。

初次与他交锋时，这个孩子坐在第一排，我发现他上课经常自己玩自己的，一会撕纸，一会折纸，一会画画，点他名字让他站起来集中注意力听讲，他不愿站，甚至连看都懒得看我一眼，此时我便想与他较量一下，走到他桌子前面，叫他站起来，只听到他大喊一句："我不站。"音量比我还大声，让我一时下不来台。之后的接触，这个孩子的表现像一个失灵的导航系统。要求学生规范上课纪律，养成好的听课习惯，上数学课前提前准备数学课本和草稿本时，他便如网络信号不佳的系统，经常掉线。下课后他更是追跑打闹，与人发生冲突，冲突之后还经常对着老师大喊大叫："老师他打我，他是傻子。"后来我了解时，这个孩子喜欢凑热闹，爱用跳绳把人绊倒，所以我每天都担心这个学生又会出现什么状况。

因此，大课间操或者自由活动时间，便额外耗费精力，制止他的一些不好的行为，对他进行约束。老师就像导航提示语不断地提醒着他，在他身上消耗了几盒薯条的热量。

这个失灵的导航系统着实让我头痛，一次考试更是让我愁上加愁。试卷发下后这个孩子完全不提笔，连名字都不写。问他："为什么不写？"他答："要回家写。"我对他好言相劝："你现在赶紧写了，回家就可以多看一会电视，回家写的话看电视时间就少了。"结果他嘴一噘，不理我了。之后我与班主任反馈情况，班主任表示他经常这样，需要用小奖励鼓励他写。我想过用食物来奖励他，但这只能解决一时的问题，而我更想让这个孩子明白规矩的重要性，树立正确的学习观。我思来想去，又从网络借鉴经验，最终决定用名校书签作为奖励。

我提前与这个学生谈话："你看老师这里有很多名校的书签，你想要哪个呢？"他答道："老师，我想要北京大学的书签，我以后想要做这个学校的博士。"我惊讶道："原来你有这么远大的梦想呀！那你要实现这个梦想，现在要做什么呢？"他迷惑地摇摇头。我趁热打铁，从手机里搜索考入北京大学的一些实例让他看，并问他从这些实例中得到了什么答案。他思索了一会，说道："他们都有很合理的作息时间表，并且长期坚持，还要认真听讲，做笔记。"我欣慰地点点头，说："是的，要做成一件事需要长期坚持，并且还要注意方式方法。做什么事我们都要先把开头做好，从当下做起。如果你能坚持好的习惯一个星期，老师就把这枚书签送给你，好吗？"他高兴地答应了。

　　接下来他果真有所改善，遵守纪律，上课时不随意插话，也不会说一些与课堂无关的事情。我适时将书签奖励给他，并对他说道："希望你以后重新规划路线，行驶在正确道路上，向名校梦前进。"

一瓶洗发水

文/姚流明

"老师，我永远都忘不了您给我的一瓶洗发精，谢谢您！"曾经带过的一位学生在QQ上给我留言。

看到这句留言，我的脑海中很快检索到她——灿灿。她是我2016年教过的一名女生，个子高高的，乱蓬蓬的头发下面隐藏着一张稚气可爱的脸。灿灿同学让人印象最深的就是卫生习惯不好，头发像刺猬一样，好像从来没有梳理过，极少洗头，身上时常散发着一股怪味。她一下课就往卫生间跑，在卫生间里玩游戏。上课铃声响了以后，才慌慌张张地进教室，猫着腰，偷偷摸摸地回到自己的座位，自认为老师没有发现她。

一次，我带着教学用具走进教室，准备上课。只见灿灿趴在桌子上，眼泪哗哗地流。我走到她身边，轻轻地拍了拍她的肩膀，并不断地给她递纸巾，一包纸巾用完，灿灿的情绪也慢慢平静下来。我开始问她："能跟老师说一说为什么哭吗？"灿灿边抽泣边说："老师，同学们都说我头上很臭，有怪味，都想离我远远的，不想跟我一起坐。"听到灿灿的回答，我心里五味杂陈。同学们说的是实情，但是如果直接对灿灿说，对灿灿的自尊心是一个极大的打击。

放学后，我随灿灿一起走进她的家里。一进家门，就看见她家里到处堆放着东西，杂乱无序。而且在她的爸爸身上也闻到了同样的味道，我瞬间明白了灿灿行为的根源所在。随后我与灿灿妈妈聊了起来，灿灿妈妈说："灿灿从小就有鼻炎，一直没有治好，经常流鼻涕，就用衣服擦。不爱洗头梳头，嫌麻烦！"我跟灿灿妈妈交流了今天在学校发生的事。

回学校的路上，我的脑海中一直回想着今天发生的事，我想自己应该做点什么。思考再三，决定从"头"开始。记得一次班级自我介绍时，灿灿说过最喜欢茉莉花，于是我在商店里买了一瓶茉莉花香洗发精。第二天，灿灿来到学校，我把她喊到办公室："灿灿，老师今天送你一件礼物，你打开看看是什么？"灿灿迫不及待地开始拆礼物，拿出了洗发精。"灿灿，知道老师为什么送你洗发精吗？""我知道，老师是让我经常洗头。""灿灿真聪明，一拿到礼物，就明白了老师的心意，我们先从这件事情做起，一点一点改变，共同努力好吗？"灿灿拿起洗发精对我说："这瓶洗发精是茉莉花香味，我非常喜欢，今天晚上回家就用它洗头发。"说完开开心心地回教室了。

第三天我走进教室，一眼瞟向灿灿，眼前一亮，长期蓬乱的头发扎成漂亮的马尾辫。走近灿灿，迎面扑来了茉莉花的香味，我用鼻子夸张地吸一吸，"嗯，灿灿，茉莉花的味道好香啊！"灿灿露出了漂亮而又害羞的微笑。衣服还是那些衣服，但明显干净整洁了许多。随后我问同学们："灿灿同学的辫子漂亮吗？我们为灿灿今天的变化点赞！"全班响起了热烈的掌声。有了好的开始，离成功也就不远了。经过一周一周的坚持，一月一月的努力，慢慢地，灿灿变成了一个干净清爽的小姑娘！

到了高年级，知识的难度和深度都在增加，这对于灿灿来说都是挑战，作业拖拉的毛病更加突出。我观察后，发现灿灿数学基础还不错，不应该是她所呈现出来的状态，而改变的关键在于端正态度和加强注意力。她平时学习缺少督促，注意力只能保持一会儿。于是我又准备了同样的洗发精："灿灿，之前你通过努力，完全改变了自己的卫生习惯，同学们都愿意和你做朋友，你是一个勇于挑战自我的小姑娘。现在我们又定一个小目标，每天老师单独给你布置练习，如果坚持完成了，老师再送给你一瓶洗发精好吗？"灿灿欣然接受了任务。接下来，她从基础练习入手，每日打卡。课堂上只要是她能够回答的问题我都给足她表现机会，并及时表扬。作业展示环节，她的出镜率也高。渐渐地，灿灿对数学的兴趣越来越浓，在第一瓶洗发精用完之后，她顺利领到了第二瓶洗发精。

她说她的改变始于一瓶洗发精，谢谢我对她的耐心和关心。

用奖励替代批评

文/陈威

入学初，小杜同学的爸爸就主动和我沟通过，小杜在幼小衔接班已经把一年级的数学内容提前学得差不多了，而且还初步接触了一些奥数内容，担心孩子上课时不认真，爱抢答，不守规矩。

上学期，小杜同学学习很轻松，课堂守规矩，能积极举手发言，能高效完成各项学习任务，每次测查情况都是优秀。但是到了下学期，他爸爸所担心的问题就慢慢开始出现了，课堂上注意力不集中、折纸、玩尺子、玩橡皮屑等。每天他的课桌周围就像垃圾堆一样，乱七八糟，更让人哭笑不得的是，有一次他把自己反锁在教室后面的清洁间出不来。

就在上周一我的数学课上，小杜同学又坐不住了。他拿起手中的直尺，在抽屉里"乱弹琴"，嗡嗡作响，严重影响了课堂纪律。同学们都捂起耳朵，小杜同学却不以为意，反而引以为豪，还愈演愈烈。我走到小杜同学身边，拍了拍他的肩膀，顺势收了他的尺子。这下小杜同学可急了，跑到教室前各种哭闹，在地上打滚，想要回直尺。没教过一年级小朋友的我还真没见过这种情形，一时不知所措。好在机智的同学们给我救了场："小杜，你弹尺子发出这么大的声音，都影响我们上课啦。""小杜，上课不认真听讲，是你做得不对呀。""小杜，快回来上课吧，再不回来陈老师可要生气啦。"同学们你一句、我一句，貌似把小杜说服了，乖乖地回到座位上继续上课。但是在后面课堂上，我发现他一直情绪低落，几乎没怎么听讲。我猜测小杜同学可能是平时在家出现这种情况后，通过哭闹就可以得到满足，所以把这种方法用到了老师这里。

第二天，我从另一个班上完课准备去小杜同学班上上课，刚走到门口就听到那熟悉的哭闹声。原来是他在上一堂课中玩"谷拾券"，被老师发现并没收了！一直僵持到这时，我灵机一动，继续模仿上节课的处理方式，请机智的同学们发表意见。同学们争先恐后地你一言我一语，毫不费力地把小杜"劝"回座位。我心中暗喜，顺势对小杜提出要求："能不能得到这些你辛辛苦苦攒下来的'谷拾券'，就要看你这节课的表现啦！"话音刚落，我便发现小杜同学眼中闪现出一道光，如此坚毅、笃定。这节课他似乎变了一个人，仿佛回到上学期的那种状态，认真听讲，积极发言，甚至别人答不出的挑战题，他都能答出来。我顺势以奖励的方式把"谷拾券"一张一张地还给他。课堂教学顺利结束了，但还有几张没还完，我征求全班同学意见："根据他这节课的表现，同学们觉得要不要把'谷拾券'都还给他？"同学们一致同意都还给他。看着他开心地跳着跑到我旁边拿过"谷拾券"，同学们也都情不自禁地为他鼓起了热烈的掌声！小杜在同学们的认可中腼腆地笑了。

课间，我回想这两天小杜同学在课堂上的转变，有所启发：面对是非还不能分辨清楚的低年级小朋友，当他们没意识到自己的问题还固执己见、一意孤行时，如果采取强硬的措施去硬碰硬处理，结果无非是"两败俱伤"。倘若老师换一个思路，就是俗话说的"顺毛捋"，以学生的最终需求为"诱饵"，化批评为正向引导和鼓励，步步为营，也许会有意想不到的效果。师生互相成就，真是教学相长！

看着办公桌上那把被我收下的、已经被小杜同学咬得体无完肤的直尺，我心想：是时候找机会换一把新的直尺"奖"给他了！

因为我们是好朋友

文/吴瑕

"老师，这个送给你。"一声稚嫩的童音引起了我的注意，我回头望去，是球球，手里还拿着他自己制作的手工书。

我接下他手里的书，翻开看，里面居然是跟数学有关的内容，书里写满了球球自己出的数学题，我开玩笑地跟他说道："全是数学题啊，你这是向老师发起挑战吗？"他害羞地笑了笑。我有点疑惑，不太明白他为什么会将这本书送给我，于是我问道："你为什么要把自己制作的手工书送给我呢？"他天真地看着我说："因为我们是好朋友呀！好朋友之间要学会分享。"我感到很惊讶，同时也不由自主地回想到了刚刚发生的事情。

本节课是一节关于"爱上书籍 读懂中国"的主题活动课，孩子们正在体验制作手工书的乐趣。我正欣赏着贝贝制作手工书的过程，突然有一只小手拍了拍我，我转头一看，原来是球球，他说："老师，我还想再学习一次如何制作折叠书，我还没学会。""可以呀，其他同学需不需要再学习一遍制作折叠书的过程呢？"得到孩子们的回应后我打开了学习视频。球球看得特别认真，眼睛一边看，手一边操作着他的纸，有模有样的。一遍放完了，他并没有回到自己的座位上，而是在我身边徘徊，他的眼神仿佛在说："老师，我还想再学习一次……"看出了他的想法，我问道："你还想不想再学习一遍？"他开心地点点头，这一遍他学习得更加认真了，也学会了。

我想，可能是这一次的经历，让我和他之间的距离更近了一步。原来对孩子多一份关注，他们就会把你当成真正的好朋友。在球球的心里我们不仅是师生，还是朋友。我微笑着回应他："对呀，我们是好朋友，谢谢你跟老师分享你制作的折叠书，我很喜欢。"

球球是一个温暖的孩子，不然怎么会把自己第一次制作的手工书送给老师呢。就是这样一个温暖的小孩儿，他也有自己的"烦恼"。

那天他们班的教学结束，我正准备离开教室，流着眼泪的球球突然出现在我的面前，对我说："老师，我的黑色橡皮不见了。"我回应道："没关系，你先去找一找，问问其他同学有没有看见。"他肯定地回答我："没有，我到处都找过了，就是没看见，连二组我都找了，也没看见。"说完哭得更伤心了，眼瞅着围观的学生越来越多，我只好先把球球带到办公室。

回到办公室后我拿出纸巾对他说："先擦擦眼泪，平复下心情。"说完我便和他一起分析橡皮丢失的过程，听着他的讲述，我想，大概是橡皮掉在了地上，下课走动的同学又多，橡皮被踢来踢去也不知道去哪了，估计很难再找回来了。为了不让他更加难受，我便转移了话题，询问他哭的原因。从跟他的谈话中我得知，他哭有两个原因，一是害怕被妈妈说，二是想到今天没有橡皮用了。我转身去柜子里拿出一堆奖励给学生的小动物橡皮，对他说："没关系，不哭，老师送给你一块橡皮，你选一个自己喜欢的吧。"他很不好意思地拒绝了我，但在我的坚持下，他选择了一块最普通的橡皮。可能是我的这一举动让他有些不理解，便问我："老师，是我自己弄丢橡皮的，你为什么要送给我橡皮呢？"我说："因为我们是好朋友呀，你可要保管好好朋友送给你的礼物哦，不要弄丢了。"他不好意思地挠了挠头，跟我说声谢谢便回教室了。直到今天，我还能在课堂上看到球球在使用那块橡皮，还在橡皮上贴上了他的姓名。

　　"因为我们是好朋友。"这句话一下子拉近了我和学生之间的距离。是啊，我们不仅是师生，还是朋友。以老师的身份严格要求他们的学习，以朋友的身份在生活中与他们相处，或许这就是打开师生成长之门的钥匙吧。

一块特别的巧克力

文/林姣

下课铃声已响，跟往常一样，宣布下课后，我开心地离开教室，准备上下节课。"老师老师，你看我上课很乖，你要给我什么奖励呀！"小雅同学带着含糊不清的发音跟在我后面。我这才想起在这节课前半段对她小声许下的承诺："只要你这节课乖乖坐着不讲话，老师就给你奖励。"脑海中迅速回忆起了这节课她的表现：的确很乖，而且还破天荒地举手回答了一个问题，这个问题是讲述自己的家人是如何爱自己的，她简单讲了妈妈对自己的爱。此时离第二节课上课只有几分钟时间，我还要回办公室拿教具去另一个班上课，而答应孩子的事又不能糊弄过去。"嗯嗯，这节课你表现非常好，第二节课继续好好坐在自己的位子上，下课了就来我办公室领奖励吧！"她立马掉头回到自己的位置。第二节下课后，我刚走出教室，就看到她从远处一路跑来，蹦蹦跳跳地跟在我身后。还没等我坐下，她就迫不及待了："老师，是什么奖品呀？"我笑着将一块巧克力放在她手中："我要表扬你三点：第一，你今天乖乖坐着没下座位，没影响其他同学。第二，认真思考问题，勇敢地举手发言了。第三，按照约定的时间找老师了。以后要继续保持哦！"她似懂非懂，但还是深深地点点头，将巧克力小心翼翼地装进衣袋里，蹦蹦跳跳地离开了。

我这才意识到自己这节课上得很开心的原因——搞定了这个特别的孩子。小雅同学有多动症，智力有缺陷，上课时常常尿裤子、突然大声吼叫、笑、下座位、惹其他孩子、甚至上讲台拿老师的东西、跟老师顶撞……对她，大家只希望她能安静一点，至于她能学到多少知识，根本不敢奢望。

第二天我照常去备课时，她跑过来说："老师我还想吃巧克力！""巧克力吃多了会烂牙齿的，那样就永远吃不了好吃的东西了，如果你一直表现好，我会一周奖给你一次！"接下来的课，她的表现明显好了很多，偶尔也会举手回答简单的问题，我也遵守承诺给她发了两次巧克力。接下来的一周，我发现她又回到了从前：下位、讲话、惹事。下课后我把她叫到办公室："巧克力只适合奖给很小的孩子，你跟其他同学一样，已经长大了、懂事了，老师相信你不需要了，妈妈知道你在学校的进步一定会很高兴的。这样吧，你以后持续一周表现好，奖励就是来我这聊天，可以说说你的妈妈。"她惊讶地点点头。后面上课时，偶尔有同学讲闲话，她甚至还"挺身而出"：不要讲话！

小浩最大的问题是控制不住自己的情绪，甚至有暴力倾向。一天，午睡铃声响了后，我关掉灯，提醒同学们趴下睡觉。突然从教室角落里传来小浩的咆哮和其他孩子的嬉笑声。我把小浩叫到教室外面，还没等我问，他就开口了："我讨厌他们，我恨他们！"经过进一步了解，才知道他附近的同学嘲笑他不听话、爱发脾气、没有好朋友。等他情绪好了点，我让他回教室休息。"我不要，我不想看到他们。""那好，我知道你爱看书，你想看哪本书，我去图书角给你拿。"他惊讶地点头，泪眼汪汪地看着我。我拿了他指定的书，搬了一把椅子在教室外面的走廊，他安安静静地看了一中午书。午休结束，我把他叫到办公室，让他给我讲中午看的故事书内容，没想到他讲得有声有色。讲完，他的眼神定格在我桌上的一盒巧克力上。"想吃吗？""嗯，想！""你今天安安静静地看了书，没有打扰其他同学，而且刚才的故事讲得很不错，老师给你一块巧克力，这是我们两个的秘密哟！"他有些惊讶，不好意思地接过巧克力，兴冲冲地跑出了办公室。

与其他管午休的老师沟通后我得知，每个中午他都没睡，爱自言自语或叫喊。于是，在后来的午休中，我都给他搬好椅子，让他一个人在教室外安静地看书。几次后，我还是像往常一样给他"特殊待遇"。"老师，你去里面坐下吧，不用给我搬椅子，我蹲着就行。""看来你也很会为我着想啊，一个会体谅人的人，一定会很受欢迎的，也不愁没有朋友，我跟你交个朋友怎么样？"他诧异地点点头，不管是上我的课还是午休都特别遵守纪律。

对于这样的孩子，不是一块巧克力就能简单解决问题的，他们身上的坏毛病也许还会反反复复出现，但未来我还会"见机行事"，倾注更多的关爱。

"问题"男孩不是问题

文/王玉莲

小郭是个7岁的小男孩，有着一双非常漂亮的大眼睛，长长的睫毛，乌黑的小脑袋上总有一撮头发向上翘着，两只黑亮顽皮的眼睛荡漾着微波，两个小脸蛋红彤彤的，眉毛又浓又密。如此可爱的一个小男孩，最近却成了我们办公室的常客。老师们处理着一件又一件和他有关的事：把同学的书撕了，说同学的坏话，惹得别的同学哭着找妈妈。小郭和别人发生矛盾的时候从不看场合，上课的时候经常被老师批评教育。

本学期的第一次公开课就要开始了，上课前一天我再三嘱咐班上的学生提前准备好学具，穿着整齐干净的校服，以最好的精神面貌迎接这一次公开课。到了开课的这一天，刚开始，一切如我期待的那样，教室外面阳光灿烂、微风吹拂，教室里的学生认真听课，时而传来一阵窸窸窣窣铅笔划过纸张的声音，是孩子们在做题，他们还你一言我一语地讨论老师提出的问题。我的眼睛不由自主地瞟向小郭，看看他在做什么。出乎意料，他没有做与课堂无关的事情，也没有和同桌说小话，而是跟着我的指令做练习。只见他聚精会神地埋头计算，脑门上沁出了一层细细的汗珠，似乎忘掉了周围的一切。我心里有了底，今天小郭的状态稳定，课后一定要好好地表扬他。

正当我放下心准备看其他同学的完成情况时，小郭隔壁组的小超突然吼叫起来："别人都同意我的想法，你为什么不同意！"所有同学都看向小超，顺着小超的目光，大家都明白了他是在质问小郭，而小郭一脸洋洋得意的样子，像是想诚心气哭小超。我连忙走到小超身边，轻声安慰小超："有什么话咱们下课讨论好吗？"小超的情绪慢慢平复，似乎是要听取我的建议，准备安静下来。谁知小郭来了个火上浇油，他大声反驳道："我就是不同意，不同意你的回答！"小超难以控制自己情绪，准备走下座位逼近小郭。看情势不对，我连忙按住小超，严肃地说："两位同学注意，这是课堂上，是同学们学习知识的地方，请保持安静，如果有其他私事咱们下课解决！"两位同学意识到自己的问题后就坐在了自己的位置上，乖乖地继续上课。

上完课后，我分别找了两位同学谈话，小超一口咬定是小郭的问题，在课堂上公然挑衅他，而自己什么也没做错。听了小超的话，我更坚定地认为这事是小郭惹出来的。当我气冲冲地找到小郭时，他正坐在操场上玩自己的手指，蜷着腿像只可怜的小猫咪。我直接切入主题："今天上课你为什么要激怒小超？"他不说话，于是我继续追问："他今天惹你不高兴了吗？"他默默地点头，但眼睛还是不敢看我。于是我语气放缓了些："什么时候呢，你们发生了什么事？"原来，早上小超摔坏了小郭生日时妈妈送他的文具盒，而且没有道歉。他又说，妈妈最近在照顾刚出生的弟弟，已经很久没有和他见面了，爸爸也因为工作繁忙而经常加班，父母只能把他暂放在姥姥姥爷家照管。我明白了，他最近在课堂上出现的问题，是为了引起老师们和家长的注意……

最后，两位同学为自己做错的事互相道了歉，平息了这场风波。我主动联系了小郭的家长，说了孩子最近在学校里的表现，谈起孩子的需求被忽视的问题，家长意识到了自己的问题。而作为老师的我也认真反省自己，在搞清楚事情的原委前，绝不能先入为主，给任何一个小孩扣上爱惹事的帽子。我深刻地体会到：在教育中，教师必须以人为本，从学生的立场去尊重学生的人格与尊严；要换位思考，从学生的角度思考事件发生的原因以及可以采取的措施。唯有这样，才会实现师生间的有效沟通，也才能给学生带来更积极的教育。

爱的同心圆

文/魏芳

从教十六年，辗转两三地。做班主任，我算是新手。但是，在工作中，我还是积累了一些经验。等到接手210班，过往那些积累，化作了我管理班级的小妙招。若要我总结半年来做班主任的门道，无非是以我真爱，换孩子们真心，构建以规则为圆心圆、以活动为二层圆、以关爱特别学生为外圆的同心圆。这三层圆，大体构成一朵向阳花，这也正是阳光10班的班级文化符号。

画实圆心圆：建立规则，我是认真的

我们班的中餐管理，向来是个令人头疼的问题。且不说挑食成风，单就食量，我们班总是年级中最小的。因为剩饭剩菜太多，我们没少挨批评。老师语重心长地再三强调，家长也苦口婆心地交代，奈何一到吃饭时间，一个个都苦着脸，讲出各种理由，摆出似乎多吃一口万般艰难之态。而且，孩子们有跟风之嫌，见一人少吃，便纷纷效仿。

怎么办？开学不久，家长们就轮番拜托，我眼见着饭菜被倒掉，而孩子没吃几口，心急心焦也心疼。经过反复思考与商量，我们推出了更加人性化和精细化的中餐管理要求，做好"一变一

加"，即：变过去老师分好饭菜要他们吃为自己选择分量，不够再添；凡是吃光午餐的，老师拍照点赞，上传班级群表扬。

变化分饭方式，是对孩子的充分尊重，他们体验到的不再是外在的要求，而是一种要吃饭的基本欲望。吃什么，有商量；吃多少，有选择。老师有意引导他们去尝试不爱吃的菜，他们也愿意在被尊重的前提下做出探索。加饭自己动手，既有参与感，也能挑自己喜欢的。而一个人加了饭，往往会带动其他孩子跟着做，以前只吃一点的"歪风"变成了现在再吃一点的良风。而拍照上传，是给家长提供一手素材，便于他们与孩子交流，从而让孩子们感受到吃饭是轻松自在的，是一个应该被尊重的事情。吃饭要求的改变，不仅是让他们知道该怎么做，更是让他们明白为什么要这样做，在潜移默化中厚植规则意识。这一改变，帮助孩子们培养了吃饭时的良好习惯。

吃饭不马虎，有要求，我是认真的。不仅吃饭如此，路队、集会、两操、课间游戏也是如此。在班级管理要求一点一点的变化中，在一日一日张弛有度的制度执行中，规则教育，逐步形成闭环，慢慢成为班级管理的圆心。

画大拓展圆：丰富课外，我是玩真的

金秋十月，我们阳光10班走进东湖绿道桃花岛，开展了一次走进自然、走进科学的班级课外活动。小家伙们跟着专家老师一起认识自然，感受大自然的魅力，识花赏树，倾听大树的心跳，寻草觅叶，认真做好笔记，让眼前的自然成为笔下的图景。不仅如此，小家伙们自制洗手液，亲身体验植物世界的奇妙；参与互助小游戏，感受同伴激励；牵头父母前行，做他们独特的眼睛，感受不一样的亲子乐趣……

丰富课外活动，我是玩真的。校外，发动家长力量，利用周末，组织孩子们体验不一样的学习方式，看到更加多彩的世界。校内，借助课后服务，组织孩子们阅读、讲故事、分享好书，带着他们走出教室，走上运动场，拍球，玩老鹰抓小鸡，跳绳，体验运动的快乐。努力玩真的，把学习的场域一再画大，让他们在与同伴的互动中，在与家长的交往中，在与老师的交流中，开阔了视野，增进了情谊，丰富了认识，得到了成长。

画美特别圆：关爱天使，我是真爱的

小明瘦瘦小小的，我们第一次正式认识就是从他大哭开始的。从那以后，我发现，他摔跤会哭，手弄伤了会哭，身体不舒服会哭，上课听不懂会哭，作业不会写会哭，心情不好会哭，无任何理由还是会哭，而且，他的哭具有分贝高、时间长的特点，有一次连续哭了4节课，让整层楼教室里的同学都无法安心上课。

对于他的哭闹我想了很多办法，哄不管用，来硬的哭得更厉害，让他得偿所愿被接回家，第二天又会换来他更猛烈的哭闹。怎么办呢？不管，他会在教室里随心所欲，扰乱课堂纪律；管，又该采取什么措施和方法呢？我在一次又一次与他斗智斗勇的过程中发现了一些与他的相处之道。

因为慢性阑尾炎，他请了一周假，来学校后又开始不适应了。

家长确认孩子已经完全好了，但孩子总是担心自己还没好，在学校就要回家，到家就要去医院，已经辗转了好几家医院，医生都确认孩子身体健康，但孩子总觉得自己的病没有好。

这天中午，小明的哭闹准时在一楼响起，派了好几拨小伙伴都没将他带回，我匆匆在教室打好饭就赶到他身边，了解他的诉求。

我：小明，你怎么了，先把眼泪擦干和我聊聊。

明：不舒服，要爷爷来接。

我：哪里不舒服了，指给我看看。

明：……（沉默中）

于是我拨通小明妈妈的电话，按下免提，让孩子亲耳听到我和家长事先商量好的对话。

我：小明，妈妈说医生都认为你已经好了，不用看医生了，而且今天家里确实没人有时间来接你，怎么办呢？

明：……（沉默中）

我：小明，魏老师今天带了一本告诉我们怎样和病菌作战的书，你想和我一起去看看吗？

我和他一起阅读了《神奇校车——与病菌作战》，这本书让小明明白每个人都会生病，生病并没有自己想象的那么可怕，只要听医生的话，好好吃药、好好吃饭、好好锻炼身体就好了。这本书消除了他对疾病的恐惧，但他还是不想吃饭，担心一吃饭就会不舒服。

我：魏老师家有个小哥哥，他像你这么小的时候就得过和你一样的病，还做了手术，现在一样健健康康的。

我让他看我手机中儿子进手术室，以及做完手术后浑身插满管子的视频。

我：你看，小哥哥是不是生病比你更严重。但是小哥哥很坚强。

小明点头。

接着，我让他看儿子在医院陶醉地吃着没有加任何佐料的面条的视频。

小明笑着说：面条都没有味道还吃得这么高兴。

我：是呀，因为小哥哥想战胜身体里让我们生病的小细菌呀。你知道人为什么要吃饭了吗？为什么人生病了吃饭和吃药一样重要？现在时间不早了，你赶紧先去教室吃饭，再来我办公室，我给你看视频，好吗？

就这样，他吃了十天来的第一顿米饭。接下来的日子里，他每天吃完饭就来找我，看了小哥哥在医院浑身插满管子，还坚强地利用手推车练习走路，看了小哥哥病好后练习篮球、网球、滑雪等视频。又在我这喝了半个月来的第一瓶牛奶，第一次主动要求父母在他写完作业后带他下去运动。

小明是一个特别的孩子，有点让人琢磨不透。像他这样的孩子，我们班还有好几个，除了去关心他们、帮助他们，我别无选择。他们是我们阳光10班最为艳丽的外环，我把他们描摹得美丽了，10班才会真的像花儿一样。

为人师者，不论资历深浅，唯有付出真心真爱，才能绘就师生共同生长的同心圆。

电话手表追踪记

文/杨艳

　　她叫小彤，喜欢扎两个羊角小辫，圆圆的脸上有一对弯月似的眉毛，水灵灵的大眼睛扑闪扑闪，秀气的鼻子下面嵌着一张红红的小嘴巴，这张小嘴巴里常流淌出快乐的笑声。小彤非常爱做老师的小帮手，每天一早到学校，她就积极地帮助老师收发作业、打扫卫生，字也写得端正方圆，非常美观。可就是这样一个在老师眼里处处优秀的学生，却让班主任和我有点头疼。

　　在一节体育课上，小彤称自己不舒服，跟体育老师打过招呼后就留在了教室。一周过后，班上的一个孩子急匆匆地跑来告状，说自己放在屉子里的电话手表不见了，而小彤手上的电话手表跟自己的一模一样，所以她断言，是小彤偷了自己的电话手表。我听完很是诧异，这样一个平时看起来行为习惯各方面都很优秀的孩子，怎么会偷拿同学的电话手表呢？不敢轻易相信告状同学的一面之词，我展开了调查。

　　这天下午的晚托，我单独把小彤叫到办公室，询问小彤戴在手上的电话手表的来历，在问之前，我先跟小彤讲了《狼来了》的故事，并关切地对小彤说："只要说实话，不管结果是什么，老师都会原谅你，如果老师发现你在撒谎，那便不会再信你说的话了。"

接着我柔声对小彤问道："告诉老师，电话手表是哪里来的？"小彤沉默了一会儿答："是我和奶奶一起散步时在我们家附近捡到的。"因为无法断定小彤所说情况的真假，我便准备给小彤的奶奶打电话确认，"那我给你奶奶打电话确认一下当时的情况吧。"我边找小彤奶奶的联系方式，边偷偷看小彤的脸色，小彤依然沉默不语，直到快要按下拨通键的时候，才忍不住哭着对我说："不是和奶奶一起捡的，是在前面同学的桌子下面捡的。"在我打算相信小彤的时候，又突然意识到：如果小彤说的是真的，那她为什么在一开始的时候却不说实话呢？我觉得小彤还有所隐瞒，于是继续追问："你刚才说电话手表是和奶奶一起捡到的，后来又说是在同学桌子底下捡到的，老师都糊涂了，你再认真地想一想，电话手表到底哪来的？"小彤又不说话了，低着头，带着哭腔，搅着手指……办公室一位年长的老师说："小朋友说谎，是要被警察带走的，你要再不说实话，老师就要给警察打电话了。"我看小彤依然无所行动，便走出去，假装给警察打电话，一会回来，又说："你现在老实跟我说，电话手表是怎么来的，只要你说实话，我就马上给警察叔叔打电话，让他不来。"小彤很害怕，流着泪说出了实话，说是在没人的时候从前面同学的桌子里拿的。

我舒了一口气，总算弄清楚了事情的原委，可是表现不错的小彤为什么会偷拿同学的东西呢？我陷入了疑惑，想了解更多关于小彤的情况，便给小彤奶奶打了电话，讲述了电话手表的事情，在询问奶奶是否发现小彤带回家的电话手表时，小彤奶奶告诉我："孩子告诉我在学校里捡的，我就没有再多问。"可见小彤奶奶存在"捡到的东西是不用还的"这种错误观念，那孩子出现这样的行为便是有原因的。我还通过小彤奶奶了解了她的一些家庭情况，原来小彤的爸爸坐牢了，妈妈离家再没有回来，小彤是由爷爷奶奶照管，学校有什么事情，姑姑们也会帮忙处理。

小学阶段的孩子自我意识还不够明确，他们眼中的"偷窃"或许只是一种不诚实的占有行为，只要我们善于引导，就能让孩子拥有良好的习惯。我并没有责怪小彤撒谎和偷窃的行为，而是平静地对小彤说道："你已经是一个二年级的大孩子了，应该明白，当你得到一个不属于自己的电话手表的同时，可能也失去了一些更加重要的东西，比如：同学和老师的信任、诚实的品德以及你对自我的肯定。别人的东西，没经过别人的允许，是不能拿的，我们自己想要得到某样东西，要么让家人买，要么通过自己的努力去获得，这件事情老师会替你保守秘密，因为我相信你是一个知错就改的孩子。只是，以后你打算怎么做呢？"小彤脸红地低下头，答应把手表还给同学，并跟同学道歉。

教育家卢梭曾说："人生当中最危险的一段时间是从出生到十二岁，在这段时间中不采取摧毁错误和恶习的措施，它们就会发芽滋长，乃至以后去改的时候，它们已经扎下了深根，永远也拔不掉了。"

每个人一生中都不可避免要犯错，成年人尚且如此，更何况一个心智尚在发展中的孩子呢？犯错的孩子不小心做了不该做的事情，无助的她更需要的是我们不露声色的疏导，而不是指手画脚的责备。

每一个孩子都渴求获得他人的尊重，当孩子行为偏离了正轨时，要学会站在他们的角度，善用鼓励和赏识教育，耐心引导、细心包容。作为教师，要正确认识孩子的渴求，尊重理解孩子的需求，帮助他们走出迷茫与无助，重拾自信与快乐。爱最好的证明就是信任，我坚信，信任和爱的教育是学生成长最好的催化剂。

皮皮在改变

文/俞伊凡

我们班有个调皮的小男孩，暂且称他为"皮皮"吧。每天课间、托管，甚至上课都有孩子向我告他的状——"皮皮骂我是猪""皮皮对我竖中指""皮皮打我""皮皮又把水弄得桌上全是，脏死了"……刚开始我也觉得他真的太调皮了，经常批评他，却没有任何的效果，只得到"批评时低头认错，转眼间还敢再犯"的结果。

上学期的某天托管，其他同学都在安安静静地看书、写作业，他却动不动拉着同桌讲小话，同桌不理他，他便在座位上制造出大动静。提醒一次、两次，到了第三次我偷偷拍下他"不安分"的照片，告诉他"待会儿要和爸爸妈妈单独聊一聊"。这时，他才意识到自己做错了，开始紧张、害怕，到最后开始生闷气、踢桌子、大声喊叫。临近下课，我看出了他的反常，让其他同学迅速收好书包出去站队，找了位老师帮忙放学。正在发泄情绪的他听不进任何道理，于是我给他腾出空间，让他先发泄完。等他稍微平静些了，我一边递给他一张纸巾让他擦擦眼泪，一边说："我们两个单独聊聊？"他不说话，"刚刚大声喊叫那么久，是不是渴了？"他诧异于我没有直接批评他，沉默地点了点头，在我的建议下拿出水杯喝了点水，慢慢和我说出今天反常的原因——昨晚爸爸因为他某门课三天的作业没有写，狠狠打了他一顿，让他必须写完才能睡觉，等他写完已经凌晨两点了，所以今天一直为这事心情不好，害怕我告状，晚上回去又会是一顿打骂。我告诉他："老师能够理解你的难过与紧张，但这都不是影响托管纪律的原因，并且大喊大叫、踢桌子也不是做了错事后最好的解决方法。"他点了点头说，知道自己刚刚做错了，就是太害怕了，所以想用这些方法来发泄一下。我问："你相信老师吗？虽然你刚刚做了错事，但是现在你能够说出自己的真实想法，能够主动承认错误，我看到了你身上的勇敢，所以我保证，待会儿和妈妈说完，你回家肯定不会挨打。"他似乎有些不相信："真的吗？"

我把他送到门口，顺便和他妈妈当面沟通了他今天的状态。我了解到，皮皮其实是一个渴求爱、渴求关注的孩子，在家爸爸只要听到、看到他做了错事，不由分说就是一顿揍，而且从小家长就很少带他和同龄人接触，因此他可能不太懂怎样和同学正确地相处。我建议妈妈在家及时安抚爸爸的情绪，改变教育孩子的方式。在课堂上，我主动点他回答问题，给他获得表扬的机会，在课间，我积极引导他正确与同学相处。在我负责的午托时间，我让他来当班级的纪律委员……

后来的他还是会惹出些小麻烦，但是惹麻烦的频率明显降低了。早上时不时单独到办公室，交作业的同时给我带点小零食，很酷地递给我，说这个很好吃，然后迅速离开。有一两次在我办公室这里看看，那里瞧瞧，正当我以为他的调皮劲又犯了，准备批评他的时候，他自己找了个凳子，坐在我旁边开始说，最近爸爸又不相信他，还骂他，他最讨厌爸爸了。原来是想找我"诉苦"，"诉苦"完不等我安慰，酷酷地转身离开，当作什么都没发生。这学期一轮到我管午饭，只要走到教室，他总会炫耀似的让我看讲台，讲台上总会放着摆得整整齐齐的饭盒。饭盒的盖子，他已经帮我打开放在一旁，一次性筷子也帮我整理好，甚至偶尔看到我的饭盒里菜打少了，他还会提前在班上给我"偷偷"加点菜。上次他还以第二名的投票成绩成为我们班的"数学进步之星"，当天晚上皮皮妈就告诉我，孩子获得奖励回家后，在他们面前炫耀了很久很久……

不知道这一次"懂事"的皮皮能够坚持多久，至少现在我看到了——皮皮在改变！

人生处处小别离

文/章思

"世界上所有的离别，都是为了破茧成蝶。所有的别离，都是为了更好地相遇。"我很喜欢电视剧《小别离》，剧里的家庭教育观、三个小孩之间的青春与友谊、三个家庭之间的差别等，都能带给人不一样的思考。这部剧的名字《小别离》寓意着孩子和父母的分离。是啊，别离是每个人生阶段都在经历的，就连学生，也无时不在经历着各种小别离。

"老师，我想我家狗狗了，我好想回老家看它。"开学初，班里的一位小男生哭着对我说。

"再忍忍，还有三天半就到周末，你就可以回老家了，到时候，你就可以好好和狗狗玩了。"我安慰他。

"可是，我再也见不到它了，今天爸爸跟我说，狗狗病死了。爸爸把它埋在了老家，我回去也见不到它了，怎么办？它还那么小，就死了。呜……"他哭得很伤心。

孩子们的情绪总是能很快地互相传染。这个孩子的悲伤情绪让其他孩子也忧伤起来。陆续地，有孩子跑过来对我说："老师，其实我也好想我奶奶，她在老家，我已经两个月没见过她了。""老师，我也想回家，上学一点也不好玩。"

……

孩子们那么小，想念亲人、想念玩伴、想回家，都是难免的，我想，此时，他们的亲人一定也很想他们。

听着学生们诉说着自己的想念，我对他们说道："其实在我们一生中会经历很多次像这样小小的别离，幼儿园、小学、初中、高中、大学……我们隔一段时间就会毕业一次，那就意味着我们要和一些人分开。有时候我们会因为父母的工作等原因搬家、换学校，也要和一些人分开。一些养了很久的宠物、玩了很久的玩具、用了很久的物品，也会因为各种原因要离开我们。但我们要记住，每次别离，都是为了我们更好地成长、更好地相遇，因为经历分别，我们就会更加懂得珍惜。"

"老师，我知道了，狗狗是因为生病了才死的，我一定会好好学习，以后做一名医生，这样我就再也不怕狗狗生病了。"

"老师，我也要好好读书，以后就能挣很多钱，买一个大房子，就能接爷爷奶奶一起来住了。"

"老师，那你经历过分别吗？你是怎么做的呀？"

"当然有啊，老师毕业后就离开老家，在外地工作，当时也是我第一次离开爸爸妈妈远行。每当夜深人静之时，我也是无比地想念我的爸爸妈妈。可是，每次我都会安慰自己，我们每个人迟早都要学会独立，不可能永远待在父母身边，被他们呵护着成长。离开父母是我们破茧成蝶的第一步，只有经受得住别离，才能更好地掌握明天的方向。"

"老师，要是世界上没有分别就好了。"

　　我轻轻地摸着学生的头说："你们要记住，分别从来都是逃不掉的，有人的地方就会有分别，虽然分别很残忍，但每一次的分别也是我们的一次成长，希望你们以后都能以更好的心态去面对离别，其实它也没那么可怕。"

　　学生们轻轻地点头，擦干了眼泪，我不知道他们是否完全理解了这些话，但我相信随着年龄的增长，他们会慢慢明白的。我们无法避免人生中各种各样的小别离，与其忧伤，不如擦干眼泪、勇敢前行，将每一次别离，都当作是为了更美好的相遇！

　　在电视剧《小别离》的宣传海报上，有这样一句话：别离是永恒的，我们终将别离，世界上所有的爱都是为了团聚，只有父母对孩子的爱指向别离。其实我并不喜欢这句话，或许是因为这句话太过真实。相比之下，我更喜欢主演黄磊说的一句话："人生处处小别离，有爱永远不分离。"我相信，别离不是结束，而是承载着爱在一个新的地方开始。

掉 饭 风 波

文/赵亚男

小何同学是这个学期刚转来我们班的，他不遵守课堂纪律，喜欢说脏话，同学们虽然能包容他，对他却怎么也喜欢不起来。某天吃午饭，他将掉在地上的饭捡起来吃掉了，恰好被管午饭的小李同学看到了，小李同学觉得他弄脏了地面，就要罚他打扫卫生。后来不知道谁喊了一句："同意小何同学打扫卫生的请举手。"班里竟有不少同学举起了手。这让十分正直的班长看不下去了，他义正词严地和小李同学辩论起来："小何同学只是不小心把饭掉到了地上，弄脏的地方打扫干净就行了，并没有违反班级午饭规定，不需要让他打扫。你们这是歧视。"听到他们的讨论，我想着先不插手，让他们自己解决问题。

不一会儿，讨论就白热化了，公说公有理，婆说婆有理，谁也没办法说服对方，十分钟过去了，依旧没有结果。这个时候我出马了，先让当事人小何和小李同学讲清楚事情的经过，接着我和小李同学交流了起来："为什么让小何同学打扫卫生？""他把饭掉到了地上，这样很不卫生，也弄脏了地面。""我们班有这样的规定吗？""没有。""那为什么还要罚小何同学打扫呢？""他之前好几次吃完饭都没有给我看，按照规定是要打扫卫生的，但他从来都没有打扫过。"原来是算旧账。我接着对她说："那些是过去的事，当时的问题就得当时解决，不能用过去的错误来惩罚今天的他，一码归一码。"小李同学同意地点点头，但依旧有点不开心。我知道她有点委屈，小何的表情也不太好看，为了缓和气氛，我设法让小何同学理解小李同学是出于好意提醒他不吃掉在地上的饭，确认小李的出发点是好的。有了这个共识，两人的面色缓和不少。接着我趁热打铁，对小李同学说："你是一个认真负责的孩子，自从你管理班级午饭以后，班级浪费午饭的情况基本没有了，这是你的功劳，老师和同学们都看在眼里。不过呢，我们做什么事都得按照班级规定，不能因为他曾经表现不好，就先入为主地把本不该由他承担的事算在他身上。"小李同学也觉得自己的行为有点欠妥，表示自己有点过分了。通过交流，她的话匣子也打开了："我没有歧视小何，自从他转到我们班，不遵守纪律，还说脏话，大家给他提了很多意见，但他从来不听。小梅同学和他有点像，但他就能认真听取大家的意见，所以同学们更喜欢小梅。"这时一直沉默的班长也发话了："他的确有些问题，所以大家对他有点偏见，不过他为人热情，性格也不错，从不记仇。"小李同学也表示同意，还说他英语学得很好，很善于表达自己。顿时，这个"批斗大会"变成了"表扬大会"。看来，虽然小何问题多多，但优点也很突出。我看场面缓和了，决定在解决今天这件事的基础上，顺势解决一下小何同学在班级中的处境问题。"刚刚大家说了你的很多优点和不足，你同意吗？""你想改正这些缺点，让同学们更加喜欢你吗？"小何同学猛点头。"把自己的问题写下来，并写出自己今后要怎么做，大家会监督你，你同意吗？"小何同学信心满满地表示同意，同时也很感谢两位同学真诚地说出对自己的看法。这件不大不小的掉饭风波就以"小何同学决心改掉大家对他的刻板印象"告一段落了。

　　这场小小的事件中，小何同学有点委屈，不过也从这件事中反省了自己"不受待见"的原因，并决心改掉自己的缺点；小李同学认真负责，但做法欠妥，庆幸的是从这件事中学会了怎么正确对待和处理班级的事务；班长正直善良公正，总能在关键时刻说出自己的观点。每一个孩子都会在成长的过程中遇到各种问题，我们要做的就是在他们迷茫的时候为他们指明方向，学会正确解决问题，获得成长。

我想和你做朋友

文/朱亚兰

又是一年开学季，九月的清晨，寂静的校园沸腾起来，孩子们的欢声笑语在"谷拾"校园的上空回荡。一年级的小小孩们，有着一张张稚气而又略带羞怯的小脸，他们清脆而又依然奶声奶气地喊老师的声音回荡在教室的走廊。

今天一如往常，我来到教室的走廊值日，一年级的小朋友活泼好动，每到下课的时候，走廊就热闹非凡。突然，不知道为什么，两个小萝卜头如两只咆哮的小狮子，正准备用"男人"的方式来解决冲突。我一个箭步冲过去，正准备对他们采取措施。一个机灵鬼似乎感应到我的到来，一溜烟就从地下爬了起来。等我挤过拥挤的人群，定睛一看，这不是小豆丁吗？我立即对他进行了批评，他却毫无顾忌地头一仰，白眼一翻，嘴巴一噘，鼻腔里发出"哼"的一声，一脸不屑一顾的表情显示出他的与众不同。而周围的孩子看到我到来，像找到了救星一样，七嘴八舌地告起状来。我眼观六路、耳听八方，终于搞明白了，大家矛头出奇一致地指向了小豆丁，都说小豆丁打人。

事情的起因，就是这个不受游戏伙伴们欢迎的"外来者"打扰了孩子们的正常游戏。别人在玩游戏，没有约小豆丁一起参加，而他偏偏要跟在一群人的后面凑热闹。于是，就你推我搡地干起来。我苦口婆心地安慰他："如果你想别人跟你玩，你可以好好地跟他们商量，让他们愿意带你一起玩。"他却义愤填膺："可是他们总是不跟我做朋友，他们就是该打，哼……"我听到这句话时，脑袋嗡地一声。一个六岁的小毛孩，为何会如此口出狂言。他的愤怒让我觉得，自己刚才教育他的那番话，显得多么苍白无力。目送他离开办公室，看着他小小的背影，我心中陷入了沉思。

一次课间，他不知道怎么心血来潮溜达到我办公桌前，我顺势说："可以帮我把同学们交上来的作业都翻开到第15页吗？"他扬起自信的小脸："可以啊，这有什么难的，小case！"我只跟他演示了一遍，他便卖力地干了起来，边干小嘴也不闲着，天南地北地跟我聊天，说他跟同学的事、他在家里跟妈妈的事、他在外面见到的事，这一次他很放松。正是在这一来一去的聊天之中我了解到，他平时放学之后没小朋友一起玩，唯一的一个小伙伴是住同一个小区的我们班的一个女同学。在家里爸爸更凶一些，对他的处罚就是踢他，而妈妈却打不过他……他口若悬河，说了很多很多。突然，他兴奋地一叫："朱老师，我翻好啦！"我朝他看去，不知不觉全班同学的作业已经被他一本一本翻开摆成了一摞。虽然有的正有的反，经过我再次示范后，他再次整理，总算是整整齐齐完工了。我马上叫来办公室的老师们，向他们一个一个地介绍："这是我们班最能干的小豆丁！"直到听到上课铃声响起，他还不愿意离开办公室。我凑到他耳边轻轻地说了一句："谢谢你今天给我帮忙，你太棒了！我想和你做朋友。"他愣了几秒后，朝我一笑，挥挥手一蹦一跳地"归巢"了。

　　一次午餐，他端着碗蹲着身子，想着法地躲过老师的视线，准备把饭偷偷倒掉，结果被同学告状，他又跟同学高声理论。我扶着小豆丁的肩膀，让他回到自己的座位。我还故意提高嗓门大声告诉来向我告状的同学："谁说小豆丁吃不完这碗饭的，你们看等下他一定光盘。"我轻轻地凑到他耳边说："你最棒，加油！"我点点头，给了他坚定而充满期待的眼神。他也很给面子地把饭吃完，拿着空碗到我面前来，自信地说："看，我今天也光盘了！"逮着这样的好机会，我当然是当着全班同学的面，大声地表扬他："小豆丁，你太厉害了，我想和你做朋友！"随后，我看着他带着自豪的表情离开，听见了他在去放餐具的路上毫无顾忌地放声大笑，嘴里还不停地向每一位遇到的同学炫耀："你看，我今天也光盘啦！"

　　一天轮到我放路队，教室里的卫生打扫完毕后，我正准备拎起垃圾扔到垃圾桶，小豆丁背着书包凑到我跟前："朱老师，我想给你帮忙。"一听见他这样说，几个孩子都凑上来，想争抢我手里的垃圾袋。最终他们还是没有小豆丁眼疾手快，他快速跑到垃圾桶边，掀开桶盖，一扔，在全班同学的注视下，他故意大摇大摆，这气势如凯旋的将军。

　　小豆丁霸气地把那只白白的小手伸向大家："我这么棒，谁要跟我做朋友。"我很"识相"地伸出我的手，打趣着调侃他："好朋友，你的手洗干净了没有，不干净的手我们不牵。"其他的同学争先恐后地伸出了手："小豆丁，我想和你做朋友！"他急切地解释说："我在厕所用洗手液洗过了，很香的！"逗得全班同学哈哈大笑。

久而久之，他越来越"嚣张"，每次都主动朝同学伸出他的手，昂起脑袋，自豪地说："我想和你做朋友！"

一滴泪的时间

文/刘明焱

　　我是一个吃货体育老师，胃口很大，尤其是在面对甜食的时候。

　　一次，当我去外校参加了一整个上午的教研活动后回到办公室，看到座位上"躺"着一个香香的"大胖子"面包时，我的疲惫感顿消！

　　办公室熊老师的面包每次都来得那么及时，伴着思索什么时候吃掉我的"大胖子"的美美的念想，我甜甜地进入了午睡的梦乡。

　　终于，结束了下午的课程和校队，想着可以吃香香的面包了，我迫不及待地把它塞到了书包里，然后飞奔到电动车棚准备回家。

　　嘴里哼着小曲，在经过大门的雨棚时被终止了，我看到了一个孤零零的身影，是一个学生。我看表，显示时间是18:35。

　　当时明明天很黑，明明隔了一段距离，但是我就是"看得到"他的眼神，里面写满了落寞。

　　"给家长打电话了吗？"我将电动车停下来向他喊道，我期望听到一个肯定的答复。这样，他的等待也许就不是白费的。

　　但是他给我的回应是摇头，我不确定，又问了两次，回应依旧是摇头，我从电动车上翻身下来。

"几年级的？"我站到他的面前向他问道。

"四年级。"

"班主任给家长打电话了吗？"

"打了，但是那是很久之前了。"他微弱的声音传来。

"报电话号码，我再给你家长打一个。"

电话接通，我打开免提，将手机凑到他的脸前："什么时候来啊？"听到他已经有些气虚的一句话，我就知道，他流泪了，但是他强忍着眼泪。他在一个"陌生人"面前，连哽咽都不想表露。

"乖乖，我还在接姐姐，你再等等，妈妈马上就到……"一个语气十分焦急的女声从手机里传来。

"您稍微快一点来吧，孩子已经等了很久了，又冷。"害怕家长拖拉，我急忙又补充了一句。

"好的老师，我尽快，马上就来了……"回应我的，还是焦灼的女声。

"你快点嘛……"这一次，这个四年级的小男子汉再没有忍住哽咽，听到妈妈的声音，委屈尽数展现在我的面前，后面想说的话都淹没在了哽咽中。

戴着口罩的一张脸，只剩一双婆娑的泪眼，我捧住他的脸，一边给他擦眼泪一边问他饿不饿、冷不冷，给我的回应依旧是摇头。

我又耐着性子问了好几遍，还是不饿，也不冷。

这是一个自尊心很强的小男子汉！

"你等我一下。"我转身跑到电动车旁边把我的"大胖子"拿了出来，往他手里塞，他不要，但最后还是没抵过我的坚持。

"你先吃着，妈妈可能还要一会儿才来。一会儿她来了，也不要怪她，她要接姐姐，男子汉要理解她，然后把眼泪擦干，好不好？"

"好。"

耶，终于得到了一个肯定的答案！

"那老师先走了，拜拜。"他跟我道了别，在转身之后我听到了面包袋摩擦的声音。我不会回头去看。

我知道，如果我留下来陪他，那他绝对不会打开这个面包，小小的男子汉已经有了自己要坚持的东西。

骑车回家的路上，我还在回想刚刚的事情。看到他时，就仿佛看到了小时候的自己，我也曾这样等待我的家人。

一次帮助，我看到了他珍贵的眼泪。最终道别，收获了小男子汉发自内心的一句道谢。

家长接到孩子，还用短信给我报了一声平安，真诚的感谢也让我的心在秋日里变得温暖。有此收获和感受，足矣。

高速发展的时代，每个人都在匆匆赶路。家长们如是，作为教师的我，亦是。家长面对无数个时刻，教师面对无数个学生。因为各种原因，这样让孩子悲伤等待的时刻，又会有多少？

只盼，学生这样无助等待的时刻，能够少一些。

初入教育行业不久的我，还没有特别伟大的教育情怀。但是就像今天晚上的这个面包，这一滴眼泪的时间，如果我能给处于无助中的学生送去一点温暖，我想，这就是我心中的教育情怀。在这个过程中，我也感受到来自孩子和家长的温暖，我也被治愈。

　　被生活打磨，又被生活治愈。为工作烦忧，又因工作而欣喜。

　　往后如果再遇上这样的一双眼，遇上这样的一滴泪，我想我还是会停下我的脚步，走向他。

老师，我想和她成为好朋友

文/肖惠中

　　自从灿同学和代同学成了好朋友，各种问题就出现了。比如原本在学习习惯和学习态度上已经有些转变的灿同学开始不认真完成作业；又比如上课铃声响了，她才跟着代同学风风火火地跑进教室；还有吃午饭不按时进教室，放学不按时排队等等。

　　对此，我感到很恼火，私底下找灿同学谈话，告诉她要多向优秀的同学学习，自己才会越来越优秀。她默默地看着我，想说什么又说不出口，只是点了点头。接下来几天，灿同学果真没和代同学在一起了，却变得有些沉默寡言了，常常闷闷不乐地坐在座位上。对此，我的心情有些许复杂。我思考着找她再一次谈心时，更严重的事情发生了。

　　那天早上，第一节课下课，我像往常一样走进教室。刚进教室门，就看见灿同学抱着头，眼睛哭得通红，抽泣着对我说："老师，代同学用脚踢我的头。"我吓了一跳，急忙检查她有没有受伤，还好她戴了一顶帽子，只是眼睛旁边发红，也没有肿。我安抚好她的情绪，然后问明事情缘由。原来，今天早上代同学答应要把一个东西分享给灿同学，可是突然后悔了，并把东西送给了她的新朋友，灿同学跟她说话，却被她狠狠地踢了一下。看着她委屈的样子，我先让她休息，告诉她如果不舒服，一定要及时告诉我。

接着，我找到了此时玩得正开心的代同学，问她打人的原因。她先是理直气壮地说："我就是不想跟她分享，怎么了？"一点也没有承认错误的态度，一副伤了人还有理的样子。我有点生气，告诉她："现在灿同学受伤了，如果她还是感到不舒服，我就要打电话请你家长到学校来了。"她似乎有点害怕了，开始找各种借口："我不是故意的。""谁叫她自己先不跟我玩的，反正我没有错。"我耐心地劝导着："不是故意的，也不能随便打同学呀，你知道打伤别人的头后果有多严重吗？"她低头不说话，嘴还是噘得高高的，我知道她并没有真正认识到自己的错误。

眼看马上就要上课了，我让她回座位。上课时，我观察灿同学有没有什么异常，好像情况并不严重。可是到了第四节课，灿同学到办公室找我，说自己有点头晕。难道是那一脚踢得太重了？我赶紧把她带到医务室，并同时与代同学的家长联系。代同学的妈妈担心孩子的情况，赶紧来到了学校。我们先检查孩子的伤情，其实并无大碍，灿同学也说自己最近鼻炎加重，昨天也有头晕的情况。她没受伤，我们放心了许多，可是动手打人终究不对，代同学还得教育。代妈妈严厉批评孩子动手打人的行为，一直没说话的灿同学突然说："我相信她不是故意的。"孩子终究是善良的。

检查完，我带着灿同学回教室，路上我问她："灿同学，代同学总是爱欺负你，你为什么还要跟她玩呢？"灿同学有一点犹豫，似乎下了很大决心一样，对我说："老师，我知道你希望我跟成绩好的同学玩，可是其他同学都不跟我玩，她们嫌我脏，常常笑话我，只有代同学跟我玩。"我的心沉了下去，是的，由于家庭环境的影响，灿同学的着装和举止常常让人觉得有些怪异，她的身上还常常有一种说不出的味道。我顿时明白了她心中的忧伤，每个孩子总是希望在思想上、学习上或者生活中有几个志同道合的朋友，能够经常从她们那里获得鼓励、支持和信任，灿同学也一样。

　　下午，我把两个孩子叫过来，一开始她们都很不愿意，以为我要批评她们。我温和地对她们说："不要害怕，老师只是想找你们谈谈心。"一听是跟老师聊天，她们好像松了口气，可是还是有些不相信。我先说："代同学，你今天的小辫子扎得真好看，是你妈妈帮你扎的吗？""我自己扎的，我妈妈说每天要把自己收拾得干净、整洁，别人才会喜欢我。""哦，原来如此。看来你在班上有几个很要好的朋友，对吗？老师知道，你跟灿同学一直是最好的朋友，你能跟她说说每天如何收拾自己的吗？"这一下，她的话匣子打开了："灿同学，你要把自己的头发梳起来，不要披散着，如果戴帽子也要戴正，不能总是一边高一边低。"代同学在说话时，我看到灿同学听得很认真，眼睛里还有光。她讲完后，我又看着代同学说："在个人卫生方面，你确实是她的好榜样，那你可以在灿同学身上学些什么呢？""灿同学朗读课文声音很响亮，还有上课发言也很积极。""是的，好朋友就要发现对方身上的优点，并互相学习，这样你们两位同学都能进步。答应老师，你们互相提醒，互相帮助，成为最好的朋友，好吗？"她们相视一笑，点点头。

　　孩子们正处于学习知识、了解社会、探索人生的发展时期，与同龄孩子交往并建立友谊是正常的心理需要。如果孩子在同学中人缘不好、过于封闭自己，会影响孩子的交往能力。身为班主任，同样有责任鼓励孩子拥有自己喜欢的伙伴，并正确引导，让孩子之间架起友谊的桥梁。

"大哥"和我

文/盛兰

凉爽的深秋就要来了，办公室里的温度越来越低，备完课后，我边喝热茶边回忆起与孩子们相处的时光。看看日历，已经有40天没见到学校里洋溢着可爱笑容的孩子们了，真是想念，尤其是108班的孩子们。虽然没有带一年级的课，但是课后有时间我都很愿意去班里和孩子们互动一下，聊聊天，每次都能听到很多有趣的事情，孩子们有自己独特的语言系统，他们的"奇妙语言"每次都让人忍俊不禁。

我们班的孩子们都很活泼，有一位"大哥"尤甚，暂且叫他"大哥"吧，所有的任课老师甚至一些行政领导都认识他，"大哥"之所以能够吸引老师，最主要的原因是他喜欢随时出走，被"抓"的地点和"抓"他回班的人每次都不同……上课时老师要锁上门，才能偶尔拦截住他出走的脚步。他还喜欢和老师玩"老鹰捉小鸡"，有时他站起来跑到教室这头，老师刚要抓住他，他又跑到了教室那头，如此循环。显而易见，老师在这场游戏中暂居下风。

这次的游戏是在午休时间，午休铃声已经响了，却迟迟不见"大哥"的身影，班主任黄老师又跑去几个老地方找回了他，带回来后，刚好碰上到班巡查的我，就这样"大哥"第一次来到了我的办公室。我带着他在"谷拾之家"聊天，这才知道"大哥"的家庭文化氛围浓厚，在家超前学习了很多小学课程，学校里教的东西都会，索性不听，补回在家里因学习而被挤掉的玩耍时间。是啊，孩子有爱玩的天性，一旦无法在家里充分地释放，就只好换到在学校里玩。这样一看，"大哥"的行为也符合常理。正想着，抬头一看，我们坐的位置对面就是"月圆读书会"的黑板报，我顺便考一下他是否认识那两句标语："学问勤中得，萤窗万卷书"，听到他清晰流利地读下来，我不由得在心里惊叹了一下，确实超前学习了不少内容呀，可能已经达到三年级学生的水平了。但理解归理解，校园规范是必须遵守的。在倾听了他内心的想法后，我拿出了为学生准备的玩具，准备采用正向强化法，训练他的行为规范，帮助他逐渐减少出走的行为。我们约定："今天下午能够在教室里认真听课，不乱走动的话，就可以得到礼物奖励。""大哥"笑嘻嘻地答应了，点了点头，似懂非懂地对我的鼓励和期盼做出回应。

下午我来到了教室，坐在"大哥"的旁边听课，观察他的行为。他一会站起来，一会翻看我的笔记本，一会蹲在凳子上，好不灵活。看他如此好动，我想到他的知识储备既然如此超前，不如鼓励他积极发言，获得老师的小红花。不一会儿，"大哥"被老师点了起来，成功获得一枚小红花。真不错，我内心为他鼓掌，继续努力！就这样一节课下来，在提醒和鼓励中，课堂纪律终于好转了一些，他的好动行为也有所减少。课后我按照约定将象征着进步的礼物奖励给他，鼓励他继续努力，他接下礼物就笑着跑去玩了。这天之后，我继续观察着"大哥"，情况似乎有所好转。就在我稍稍放心了一点时，情况又发生了变化。那天我下楼，刚好看到他跑出教室门，朝我笑了一下，然后往前飞跑，我在后面边追边喊："'大哥'，别跑了，快回来上课！"看来，教育依然任重而道远呀！

雨果说："花的事业是尊贵的，果实的事业是甜美的，让我们做叶的事业吧，因为叶的事业是平凡而谦逊的。"在教育这条路上，最有价值的东西从来都是看不见的，那就是为师者对教育的那股强大信念，用爱和耐心去唤醒心灵，用爱浇灌成长的小苗，与学生共同成长。每一个孩子都是一粒好种子，只是不同的种子，花期不同罢了。作为教育者，我想爱是教育过程中最重要的东西，我们应该再多些耐心，将爱的教育进行到底！

一瓶牛奶引发的纷争

文/陈玮琦

这天中午，我还没走到教室，就被迎面赶来的中队长告知："班里出事了！"听到这话，我心里一紧，小跑着来到教室，只见两个大男孩表情严肃，其中一个紧握拳头，涨红的脸上还挂着两串气愤的眼泪。刚要上前询问，其中一个男孩小宋跑了！恰巧午休铃响起，班里还有50个同学，我只得给班主任打电话。

我俩分头行动，她去找小宋，我在教室里和事件的另一个主角小熊沟通，小熊眼看两位老师都出动了，意识到这件事情闹得好像有点大。我找他聊天时，他深深地埋着头，生怕我批评他。我蹲下身子对他说："不要害怕，陈老师没有要批评你，我想知道你们之间到底发生了什么？你们平日里可是好兄弟呀！"

小熊不语，我接着说："那你现在是什么心情？委屈？担心？愤怒？陈老师很在乎你的心情，不要把情绪憋在心里。"

小熊这才开口："昨天他答应今天会送我一瓶牛奶，但他没有做到，我直接去拿，他还推了我一下，我很生气。"

显然小熊同学不该直接去拿小宋同学的牛奶，但我还是决定先与他共情，"原来是这样，我理解，你是生气小宋没有说话算数，还动手推你，是吗？那后来呢，他怎么哭了？"

小熊低头小声说："是我生气后把他的文具撒在了地上。"

我拉起他的手对他说："谢谢你愿意坦诚地对我讲述刚刚发生的事情，很明显这件事情让你们都不开心了，以至于你们做出了一些不恰当的行为，最终不欢而散，对吗？"

小熊点了点头，我接着说："陈老师觉得你们为这件事情影响友谊很不值得。据我了解，小宋是一个很讲义气的男孩，你们因为一瓶牛奶产生冲突，都顾着宣泄自己的情绪，而语言沟通很少，你觉得呢？"

小熊表示赞同，我见缝插针地说道："这样看来，你们的敌人并不是对方，而是自己的不良情绪呀。你现在冷静地想想，不良情绪还影响你做了哪些伤害他的事情？等小宋回来了，我们再跟他好好聊聊。"

这时小熊轻轻握了握我的手，小声说："陈老师，这件事情确实是我做得不对，不管怎样我都不该直接去抢他的牛奶，还打翻他的文具。我现在很担心小宋，宋老师找到他了吗？"后面的故事不用讲了，两个小孩在倾听了对方的观点后表示理解和原谅，破涕为笑、和好如初。

在班级里，由于每个人的需求不同，产生矛盾冲突是很正常的事情，老师要做的是教会孩子们在遇到矛盾时正视自己的情绪，合理地解决矛盾。管理情绪是一门功课，解决矛盾也需要方法，我们要用更多的耐心去帮助孩子理性地认识自己的想法，并培养他们做出恰当的、能真实表达自己行为的能力，让他们学会自我管理，最终达到班级团结。

学高为师，身正为范。作为孩子的父母之外与他们相处时间最长的人，教师的一言一行都会影响孩子们的成长。因此我们更需要树立良好的教师形象和师德师风，课上课下坚持做好表率，平等对待每一个学生，做到尊重、理解、宽容，做情绪的主人，通过言传身教培养学生自信自强、尊重他人、乐于助人等优良品质。

胆小的你以一种让人惊喜的方式长大

文/邓佳倩

　　记得第一次看见你，是开学第一天，全班一起玩击鼓传花，多次传到你，你终于怯生生地走到讲台上进行自我介绍。你的声音很小，像蚊子一样，引来同学们大声的控诉——"听不见！听不见！"几个孩子已经在椅子上躁动起来。你越来越紧张，头上渗出细细密密的汗珠，手足无措，你望着我，露出了害怕的神情。

　　那一次经历让我觉得你是一个胆小的孩子。和你交谈时，你常常用一双大眼睛望着我，眼神里透露着纯真，也透露着局促。看着你那双如葡萄般的大眼睛，我猜想你的内心一定还没有真正从幼儿园毕业。你是如此懵懂的小可爱！

　　后来你的实际行动更印证了我的猜想。你的书包经常是乱乱的，有时候就随意摊在地上，甚至横在教室的过道上，同学们需要小心翼翼地跨过去，而你仿佛看不见似的。书包里的书也掉落一地，它们在地上随意组合成各种形状，好一道"别致"的景象！

　　你的抽屉也独具一番风景，各学科的书本书页随意交错，笔和书也胡乱放置，把整个抽屉塞得满满当当。你经常不交作业，我很多次清点都没有你的作业，每当我不解地问你，你都睁着那双无辜的大眼睛，仿佛不知道我在说什么。我陷入了思索：你的自理能力如此薄弱，是否在家庭中被过度保护、凡事被包办了？我又该怎么帮助你？

我决定先帮助你改掉不好的小习惯，让你慢慢长大。

于是在上课的时候，我时常关注你，看你有没有认真听讲，有没有积极举手回答问题。一开始，面对课堂提问，你还是呆呆的，好像不知道我在问什么。于是我耐心地重复提问，引导你去回答，鼓励你大胆地表达——"声音可以大一点，再大一点。""太棒了，宝贝！""宝贝，我真喜欢你自信的表达！""宝贝，我太喜欢你的声音了！"夸张的表述中满是对你的期许！在我一次次的鼓励之下，你的声音变大了，你的脸上充满了自信，有时还露出淡淡的微笑。我心里想，真好！宝贝，你更勇敢了！

为了帮助你更好地完成作业，我开始时不时地利用下课时间，看看你的字写得好不好，作业是否完成。有一次看到你的听写作业一字未动，我悄悄地走到你旁边，给你报听写。你看到是我，就把作业本打开，开始写了……我看着你一笔一画，写得十分认真，和平常一个字不愿写的你形成了巨大的反差！你认认真真地把听写都写完了，用略带骄傲的眼神看着我，满意地将本子递到我面前说："邓老师，我写完了！"这声音真好听！我想这就是你小小的骄傲吧！此时我内心微微地触动了一下，是呀！哪怕是一个微小的进步，都应该得到关注！我会期待你下一次更好的表现，相信你能够做得更好！

慢慢地，你不再像往常那样经常不写、不带作业。有一次你十分着急地跟爸爸说作业没带，声音里带着哭腔。你爸爸赶紧联系了我，说你现在对写作业非常看重。于是我们约定在校门口把作业给你，我看到你拿到作业之后，紧紧地抱在怀里，像重新拾回了某个珍宝似的，那时我多么欣慰呀！

你不仅对作业有着这一份责任心，上课的表现也取得了很大的进步。我看到你上课的时候，总能目不转睛地盯着黑板或者盯着我，而且经常积极举手回答问题，并且回答问题的时候，你的声音既响亮又自信！

我不禁感慨，你在悄悄地长大，并且以一种让人惊喜的方式长大。

学生的内心犹如一片纯净的沃土，需要灌溉、滋养。我想，让成长的种子在这片沃土上生根发芽是每位老师的责任。生活中点点滴滴的关爱，都能让这片沃土充满阳光。抓住每一个契机去与学生内心亲近，他会感受到你对他真心的关注。

特别的爱给特别的你

文/程萍

有人说："教师就应该把爱洒满每个孩子的心田，不让任何一个孩子受到伤害。"的确是这样，但我还想再加上一句，那就是：对于特殊的学生，我们要给予特殊的爱。

小明同学是二年级上学期转到我的班上的，他是个特殊的孩子。从他的妈妈口中，我知道了他的智力有点低下，据说在以前的学校里他是不受待见的，因为经常"拉垮"整个班级的水平，老师建议妈妈把孩子送到特殊学校里去，然而妈妈觉得孩子还没到那种程度，更希望他能跟着正常孩子一起学习生活、促进他成长。他还有个姐姐，成绩优异，各方面在班级里名列前茅，是爸爸妈妈的骄傲。尽管如此，他的爸爸妈妈没有减少对他的爱，我也深深理解了小明家长对孩子的良苦用心。

然而开学第一天，他就被我搞"丢"了，他个子高，很结实，戴着口罩背着书包走进我的教室，我却错把他认成曾经教过的一个学生，告诉他走错了教室，导致他"走丢"了。当时可把我和副班主任张老师紧张坏了，我们满操场地跑，找他，找他姐姐，找年级组长帮忙，就连门房师傅也跟着一起找，四楼、三楼、二楼、一楼……最后在三年级的一个班上找到坐在最后一排的他。由于这个班的班主任也是新来的老师，所以完全没发现"混"进去了一个新同学。虚惊一场！我牵着他的手，安慰着他，跟他道歉，带着他走进了我们班，同学们在我的欢迎词中对他报以热烈的掌声，从此之后，他正式成为我班的一员。

经过一段时间的观察，我发现小明除了智力有点低下，其他各方面都很不错，上课认真听讲，努力完成作业，跟同学友好相处，每次见到他都是一脸甜甜的笑容……他对待学习态度认真，然而效果不好，但我从未批评过他，只会告诉他哪里错了，哪里需要改正，引导他在课堂上做笔记，他每次都不抗拒，很配合。班级里每次听写不过关的作业，我都会私发给家长，他也不例外，他的妈妈每次都热情地回复我、配合我，时间久了，妈妈会因为他的努力得不到好的效果而焦虑，会因为无法更好地辅导他而担忧，还会因为他的不开窍而对他不耐烦。我每次都心平气和地告诉她："没事，慢慢来，他这样子是急不来的。""其实他已经很努力了，如果我们大人再因为效果不好而去责备他，给他压力，会适得其反的。"因为我深深地感受到培养一个孩子的不容易，何况还是这样特殊的孩子，所以我在向妈妈反馈孩子的情况时，总免不了安慰她几句，并告诉她，我们一起慢慢来。

经过一年的学习和生活，小明完全适应了学校的生活，在班上也结交了很多的朋友，他的笑容比以前多了，虽然也免不了跟同学闹矛盾，可是我发现，当他看到有同学受欺负时，他会为其打抱不平，而当他自己受欺负时，他选择默默地忍受。多么善良的一个孩子！他的善良激起了更多的同学一起来保护他，同学们这份特殊的爱温暖了他，也温暖了我。

让我欣喜的是小明在这学期的表现，好多次的听写他都得了100分。每次他有进步的时候，我就抓住机会表扬他，鼓励他，而他只是淡淡地笑着。到了学期的中后期，有一次他的作业让我眼前一亮：这是小明写的作业吗？这是他写的字吗？后来从妈妈那里得到了证实。从那以后，我经常在课堂上表扬他字写得好，用投影仪把他以前的字和现在的字进行对比，让其他同学向他学习。他写得更认真、更带劲了。不仅如此，课堂上他会举手发言了，声音洪亮，自信满满，跟刚转来时判若两人。我欣喜于他取得的进步，看得出来他在学校里是快乐的。与妈妈聊天，可以感受得到她对孩子的变化也很欣慰，她说很感谢班级里的每一位教师对他特殊的关爱。

我想，我们对小明的确是有着特殊的爱的，正是这份特殊的爱让他在这里慢慢地成长着，快乐着……

那个躲在"安全区"的小女孩

文/李思静

这一年，我和51位聪明可爱的小朋友相遇了。一个个子小小的女孩子很快吸引了我的注意，她话非常少，上课认真坐着，不吵不闹，却也从不举手回答问题，下课经常自己一个人，说话声音也很小。她的座位上和抽屉里总是乱糟糟的，别人都把课桌往前挤，她却总是往回拉，使得原本小小的身体挤在更加狭小的空间里，仿佛生怕超出了自己的"安全区"……上课回答问题时，她会非常紧张，在我耐心的引导下，她终于回答对了，我赶紧大力表扬，让全班同学都给她鼓掌点赞。终于看到她害羞地笑了，我相信她在慢慢适应我们这个大家庭。

有一天，午休铃声响后，其他同学都乖乖地趴在课桌上睡觉，我发现她的座位是空的，赶紧叫我们班的小机灵到厕所找找。这时有同学说看到她吃饭慢了，自己去食堂还碗了，并立马跑去找。这一刻，我感受到大家满满的善意和爱，也忍不住感慨：这群小家伙也才认识一个星期呀，居然都有这么深厚的感情了，小孩子真的是最善良的天使！然而，同学们寻找了一圈无果，我赶紧联系副班主任帮忙照看孩子们睡觉，满学校去找她，最后发现她躲在一个墙角独自玩沙子：一个小小的身影，蹲在地上用沙子画画，专注得连老师来了也没发觉。我看了一会，轻轻地走过去。看到我，她一下子紧张起来，头低低的，很心虚的模样……我耐心地询问她："怎么不睡觉呢？在玩什么？"无论我问什么，她都一声不吭，无奈只能先带她回教室午休。看见她安静地趴在桌上，我暂时松了口气，可随之而来的担忧却像块大石头压在心底。

午休后，我第一时间与她的家长在电话里简单说明了情况，并建议放学时与家长当面详细沟通。可是等到放学，来接她的却不是爸爸妈妈，而是托管老师。原来，她的父母特别忙，只能先把她放到托管班，晚上八点才能来接她回家。我顿时理解了孩子在学校的种种表现。到了晚上，我给孩子的爸爸打了电话，聊了很久。她爸爸说，孩子小时候是跟爷爷奶奶一起生活的，还有个堂哥也住在爷爷奶奶家，两个孩子每天一起玩、一起长大，那时候的她还是很开朗的，天真、爱笑、大方。上学后，爸爸妈妈把她接到了身边，希望给她更多的陪伴。其实父母的出发点是好的，但是对于孩子而言，告别她亲爱的哥哥、她的好朋友、她的爷爷奶奶以及她从小长大的环境，来到一个新的地方，会极度缺乏安全感，在这种情况下，她选择把自己的封存在属于自己的"安全区"内，而大人也没有关注到孩子的心理变化，疏于陪伴。我向她的爸爸强调一定要给孩子足够的关注，尽量多陪伴孩子，毕竟孩子的童年只有一次。

一年级的孩子很可爱，也很让人操心，但这样的操心很重要，也很值得！我也愿意把他们当成自己的孩子那样去爱护、去赞美，让他们充满自信地学习、不断成长！

那个不再"多动"的男孩

文/刘黎

"老师，程钰熙吐了！"正是午休时间，我埋头改作业时，耳边突然传来这样一个声音。顿时，已经睡着的同学慢慢抬起头，而还没有入睡的同学则在窃窃私语，有的甚至捂住口鼻作出嫌弃的模样。我赶紧先整顿纪律，提醒大家午休时间要保持安静，然后迅速来到程钰熙身边，快速处理呕吐物并认真进行消毒，接着询问他的情况。他告诉我，午休之前感觉还不错，但睡觉时觉得不舒服，想呕吐，吐过后舒服多了。

为了安全起见，我建议他和班上其他同学都佩戴口罩，然后准备联系他的家长。可后来，我又放弃了。原因无他，只因为曾经类似的事情也发生在他身上，我联系其家长时，他爸爸明确表示："孩子不能因为生病就放弃学习，还是让他在学校上课吧，家长就不来接孩子了。"之后，我问他："如果我今天给你爸妈打电话，告诉他们你的情况，是不是他们还是会让你在学校继续学习？"他答道："是的，爸爸说没事不要养成生病就请假回家的习惯。"听完他的回答，我多少有些同情他。

我在明知他不能被接回家的情况下，仍坚持问他："你需要老师给你家长打电话，接你回家吗？你这个情况确实需要休息。"他想了想还是拒绝了，而我也在确保安全的情况下同意了。但在那天后面的时间，我一直观察他的精神状况，好在他很皮实，下午就生龙活虎了。

其实，在刚接手这个班时，我就格外注意他。因为他特别好动，管不住自己，开学拍集体照时，他没有一刻是安静的，是我牵着他的手才顺利完成拍照。上课时，他上着上着就蹲在座椅上，偶尔还会下座位，东张西望，我一度误以为他有多动症。但随着入学时间的增长，他渐渐地能坐得住了，上课也很爱表现自己，只是比较容易走神，经常不自觉就在课上画画。无论如何，他都在进步，当时的我以为这个孩子只是过于活跃、自制力差，直到了解过他家的情况，听到他爸爸的那番话后，我才意识到：孩子爱表现爱动，是因为家中的人对他过度的关注和爱，而他自制力差又是父母对他不适宜的爱，让他无所适从。

因为上课自制力差，注意力不太集中，他常在许多知识点上犯不该犯的错误，也会产生自我怀疑。为了帮助他进步，我开始找更多事让他帮我做，他大部分情况下都能很好地完成。我会及时反馈，并表达对他的感谢，让他体验到被老师需要和称赞的成就感。课堂上，他只要坐端正或者举手发言，我就迅速表扬。渐渐地，他的学习兴趣越来越高了，就连一直被我诟病的书写也有了很大提升。

他的进步我都看在眼里，也抽时间和他的妈妈进行了反馈和沟通，我从他的妈妈那里得知，他每天回家特别喜欢分享在学校的一切趣事以及又被哪个老师表扬了。上课特别喜欢老师点他回答问题，没有被点到还会很失落。他妈妈说："他很喜欢学校生活，前几天听说能去学校上课了非常兴奋，自己主动收拾好书包期待去学校，结果在收到不能返校的通知后难受了很久。"听到这些后，我笑了，为他的改变开心。

而他的改变和进步还不止这些，前几天我布置了写话的任务，他一开始摸不着头脑，交给我的作业漏洞百出，我的修改意见都要多过他的写话了。第二次，他经过修改又给了我一篇不太合格的写话作业，我就给他一篇例文作为参考，并帮助他修改了结尾。第三次，他终于交给我了一篇合格的写话作业，但仍有小瑕疵，他又在我的指导下进行了修改。第四次，他的写话作业终于达标了，并且还有自己的想法，结尾没有使用我修改的句子，而是自己创作的。他妈妈告诉我："程钰熙说不能照抄老师的。"这一句话让我对他刮目相看！

现在的他，课上仍有不少小动作，有走神的时候，但更多的时候我看到了他的进步，他在用他自己的方式去努力。我相信在今后的学习生活里，他还会有更多的进步！

那个背不出课文的孩子给我"上了课"

文/李仪琳

在孩子们的世界里，是否也有不曾被看到的默默努力和不断坚持，只因为他们看起来还达不到大人眼中的标准？对我而言，答案是肯定的，但曾经这个问题的答案是"不"。

比如不相信他们告诉我花时间背诵课文了，但是没背会；不相信他们说上课认真听了，可是没学会；不相信他们说前一天复习了，可是第二天听写没写对。每当"铁证如山"，孩子们还努力解释，我都很气愤——分明是不努力却还要找借口！直到这样一件小事发生，我改变了看法……

学生小郑接受知识比较慢，我刚刚讲的知识，让他站起来复述，他常常说不出来或者说错，因为这个，他也经常受到我的批评，作业完成质量也堪忧。这一周的早读，我照常检查昨天要求背诵的古诗，全班又是只有他没有通过。我上来就一通质问："你昨天上课有没有认真听讲？""你昨天晚上回家之后有没有背课文？"孩子小小的身影就这么站在我前面，低着头不敢说话，眼眶红红的，憋了半天，小声说："老师，我真的背了，背了很久。"我还是不相信，让孩子先去上课，自己偷偷拿出了"撒手锏"，向家长求证孩子昨天有没有认真完成作业。没想到这个电话竟然打了一个多小时，孩子昨天真的背了，刚刚开始连读都读不熟，只能一个字一个字读，慢慢能读熟了，可还是背不下来，一有背诵作业，孩子晚上在家就会急得哭，背诵对于他来说太难了，但更让他害怕的是老师的批评和不信任。一段时间下来，他不仅对背课文产生抗拒，更是极度不自信，好几次在家能磕磕绊绊背下来了，上课检查的时候他一紧张又忘记了。

原来孩子没有说谎，是我误会了他！站在大人的角度，我总是觉得，这么简单的知识，所有孩子都可以学会，没学会的就一定是没认真学，还没了解情况，就先对孩子下了定义。可是每个孩子是不一样的，是我忽略了个体的差异性。我决定尽我所能帮助他。

中午，我把小郑叫到办公室，先将古诗慢慢给他讲了一遍，让他读给我听，帮着他记忆，我用语言描述画面，让他说出对应的诗句。刚开始，他说不出来，十分抱歉地看着我。我坚定地跟他说："没关系，我相信你。"他看看我，然后拿着书走到窗台那里，我听到他一遍遍读、一遍遍记。大概十分钟后，他高兴地来找我："老师，我会背了，不信你检查！"他背诵了一遍，虽然还不太熟练，但真的一字不差！我继续鼓励他："你看，你可以做得很好，今天老师让你做全班的领读员，你已经打败了'背诵'这个困难！它再也不会困扰你了。"从他兴奋的脸庞以及当天的表现，我能看出来，这次的小成功让孩子恢复了一些信心。

"没关系，我相信你。"不仅仅是一句鼓励的话，更是老师从心底对孩子的尊重和认同。用宽容的态度对待孩子的不足，相信并期待他们的成长，孩子们也一定不会让老师失望。

用爱播撒希望

文/严蝶

我当老师的时间不长，这几年一直承担着班主任的工作。开始的时候我也抱怨过、不满过、抵触过、拒绝过，而现在我享受当班主任的快乐，因为我是班主任，所以我可以更多地陪伴孩子，可以更多地见证孩子的成长。

2017年是我当班主任的第一年，有许多的手足无措：面对安全事故不知道该如何处理，与家长未能及时沟通产生矛盾，面对不做作业的学生大发雷霆……通过一年的成长，很多事情我可以从容地面对了，面对突发状况我知道要冷静处理了，开始试着带着爱去进行教育了。

2018年是我当班主任的第二年了，9月又接手了新的班级，我信心满满。然而刚接班不久就发生了一起打架事件。做完课间操回班，走到班级门口，我注意到两个小男孩在打架，情绪很激动。我第一时间上前将他们两人拉开，按照惯例，接下来就是了解情况。以往我都是把两个孩子直接叫到办公室处理，但这个时候两个孩子的情绪还很激动，在去办公室的路上稍不注意他们说不定又要打起来，所以这一次，我决定马上处理。我让两个孩子在走廊上先分开一段距离，冷静一下，在这个过程中思考一下自己的错误。两三分钟后两个孩子稍微冷静了，我开始了解情况，我先让一个孩子告诉我。胖乎乎的小男孩哽咽地说道："是他先打我的。"这是一句非常熟悉的台词啊！基本可以判断对方先动手，然后他就还手了。我对另一个男孩小陈说道："你先打他的，你是不是犯了错啊？"小陈先是点头承认，接着马上准备辩解，我打断了他，对胖乎乎的小男孩说："他怎么打你的，你又是怎么还手的呢？"他说："他用手轻轻地打了我的屁股一下，我用羽毛球拍打了他一下。""那小陈刚刚已经承认错误了，他打你，你又还手打他，而且你自己也说了你是拿羽毛球拍打的他，你是不是也有错误？"说着说着，胖乎乎的小男孩害羞地笑了。我知道他已经认识到自己的错误了，看着眼角还挂着泪水、嘴角却又挂着笑容的他，我又好气又好笑，知道事情已经处理得差不多了，两个孩子都已经意识到自己的错误了，我让两个小男孩握手言和并相互道歉，握完手道完歉，他们就手牵手走进了教室。站在走廊上的我看着这一幕，心中不是为孩子犯错误打架而生气，而是觉得非常温暖，好像自己维护了两个小男生的友谊，也被小孩子的单纯深深地打动。

当班主任当然还要面对很多很多的"疑难杂症"，有时不出点妙招还真就斗不过这帮"熊孩子"。班上有个女生叫小杨，长得很美，身为英语课代表也很负责尽职。但有一个让所有老师都头疼的毛病，就是不完成作业还撒谎，家长也不能起到监管作用。所有的方法都试过了，因为她是留守儿童，我们和爷爷奶奶沟通，爷爷奶奶根本无法监管孩子的作业，爸爸妈妈在外地，心有余而力不足；找孩子谈心，大道理说了一通又一通，还是老样子。我仔细思考问题的根源：不能完成家庭作业，最主要还是因为孩子知道回到家没有人能监管她、督促她，她可以为所欲为，还有可能就是面对作业中不会的题目没有人辅导她，久而久之，孩子产生了厌学的心理。针对这两个问题，我和孩子远在青岛的爸爸妈妈取得联系，商量对策。我要求父母每天通过微信监督孩子作业的完成情况并把作业拍照发给我。同时我也跟小杨进行沟通，告诉她每天的作业尽量完成，不会做的题目我允许她空着，第二天我再单独跟她讲解，但不许向老师撒谎说作业忘在家里了。小杨知道现在老师和父母每天都在督促她的学习了，其实最主要的原因我想还是因为她感受到了来自父母、老师的关爱，孩子不是一个笨小孩，相反，是班上情商很高的孩子。就这样坚持了一个月，起初，孩子还是有几次一个字没写，又过了一个月，几乎没出现作业没做的情况了。我又和她的爸妈商量："现在孩子的状态很不错，接下来我们要放手，我们不会再通过每天发微信来监督她，而是相信她能够独立完成作业了。"小杨很开心，第一次被别人信任，而不是觉得她总是撒谎。临近学期末，小杨再没有出现不做作业的情况，在班上变得更开朗活泼了，也收获了更多的朋友。每次看到她脸上洋溢的笑容，我的嘴角也不禁上扬。

在这一路中，我试着用爱感化孩子，用爱教育孩子，自然我也收获了孩子的爱。足球赛时，当得知我要当守门员，班上的孩子都叮嘱我们班的足球运动员们要保护好我；冬天天气很冷，课下在教室改作业，一个小女孩跑过来握住我的手，说要把温暖分一半给我；六一儿童节我偷偷给孩子们准备了小礼物放在他们的书包里，孩子看到后跑来我的办公室，向我鞠躬说谢谢……无数次，我因为这些小事而热泪盈眶，因为我感觉我是幸福的，因为我用我的一份爱收获了50多份爱。

在教育的路上，我将继续用爱去感化学生，用爱去教育学生，因为我知道只有把爱的种子播撒进学生的心田，才能长出希望的枝叶，才能收获一树花开，才能拥有桃李满园的芬芳。

PART 3
等花，等叶，等你舒展

身边的太阳

文/代嘉敏

坐在电脑前，回想着过去的日子，让我印象最深刻的并不是初期面对一年级孩子时的手忙脚乱，而是孩子们的一张张笑脸。是他们用温暖与真心一扫我眼底的疲惫。说到这儿，就不得不介绍一下我们班上的小月同学啦。

自从第一次看到这个充满活力的孩子，和她美丽的笑脸，我就打心底里喜欢她。都说"笑容是对情绪的释放，是对幸福的憧憬，是表达爱与收获爱"，那么，如此爱笑的她，一定是一个被爱包围着长大的孩子，我这么想着。

小月同学仿佛天生就带着光环，让人不自觉地想和她交朋友。还记得开学第一天，学校担心一年级新生找不到班级而慌张，于是安排了各班老师在校门口举着班牌，引导学生进入教室。作为本班副班主任兼美术老师的我，自然一早就拿着班牌候着这群刚刚步入小学的娃娃们啦。排队的人渐渐多了起来，还有个别孩子不停地向栏杆外瞄去，寻找着家长的身影……得先带一部分学生回教室了，在往教室走的过程中，有位学生走得很慢，仿佛不想与家长分别。小月同学好像也发现了，于是，她主动牵起这位同学的手说："我们一起进去吧！"我向她投去赞赏的眼神，夸奖道："你真棒！"

这是我对她的第一次夸奖。

后来"你真棒"三个字好像一直伴随着小月同学，每天放学后，我们班的三位老师都会边打扫教室卫生，边讨论着这一天班级里发生的事情，每每谈论到她，都是赞赏的，因为是刚开学，老师们还无法将脸和名字对上号，表扬她时就会说："就是那个个子小小的，坐在第一排的女生，真是太能干啦！"她一定不知道，老师们一直默默地关注着她。

她虽然个子小小，但好像有用不完的能量哩，时时刻刻都散发着自己的热情。每当我走到一楼教室转角，小月同学就会跑向我，边跑边说："代老师，你好！我们今天美术课画什么呀？"这时候我都默默地为她捏一把汗，担心她跑太快会不小心摔倒，面对我的提醒，她总是仰头一笑说："知道啦！"这样的小月同学就像一个小太阳，让身边的人也充满温暖的力量。

大家都很喜欢她，喜欢她的诚实公正，就像一个"小小警官"，每次班上发生什么事情，我都喜欢问问她，因为从她那里总是能得到很客观的回答，哪怕是她自己犯了错误也能勇敢地面对，从不逃避责任；喜欢她的勤劳勇敢，一个还没有拖把高的小朋友，每次午饭后，都会主动帮老师把地面上同学们不小心洒出的饭渣与汤汁拖扫得干干净净；喜欢她的善良热心，美术课偶尔会有一些"小迷糊"忘记带美术工具，这时她就像一个"魔术师"，从书包里拿出备用的勾线笔或者图画纸，大方地借给同学们。

但是"小太阳"也有难过的时候。这不，整个班级好不容易进入安静的午休时间，突然传来了一阵十分刺耳的嬉笑声，循声望去，发现小月同学正捂着嘴巴，弯着腰，趴在桌上看着我。这已经是今天午休的第二次了，我朝她无声地招了招手，显然，她很清楚我的目的，到我面前主动承认了错误，但我并不打算就这么轻易地原谅她，便板着脸让小月同学趴在我旁边的位置上睡觉……"代老师，代老师。"放学站路队时，我听到有学生在叫我，转过身，看到小月同学鲜少流露出的难为情的样子，我把耳朵凑到她跟前，只听她说："我真的知道错了，今天中午我睡着了。老师，我觉得你笑起来更好看。"那一刻我是惊讶的，我以为这个事情已经过去了，原来她还记着……

　　这个诚实、勤劳、善良，偶尔会犯些小迷糊的小月同学，谁会不希望和她成为朋友呢？希望小月同学可以一直保持优秀，并且带动身边的同学一起进步，那一定是一件特别美好的事情。

微心愿之心愿瓶

文/王洁

藏在心里的梦想，变成了挂在教室里的希望，变成了心愿瓶里一颗颗五颜六色的小星星。

11月11日，办公室没有一丁点购物的话题，大家都在为各自的班级忙碌。今天是返校复课的第一天，相隔一月有余，大家见面后都格外兴奋，有聊不完的话题，互相分享这段特殊经历中的故事。

从早上值勤到教师联席会，今天真的是待在班级时间最长的日子，回到办公室，一眼就看到了党政中心昨天下发给党员教师的微心愿卡，我特意拿了两张。回想去年帮助学生实现微心愿的场景，相信那将变成我与那个追梦少年的美好回忆。细细思考，怎样让更多的孩子参与到实现微心愿的活动中呢？一个新的想法——"微心愿之心愿瓶"的中队活动酝酿产生，于是利用周末时间与中队委和家委进行商议，做好相关的准备工作。

11月14日周启结束后，在四（9）中队组织每个少先队员写下自己本学期的小目标、小希望、小梦想，然后把它放到中队的心愿瓶中，等到学期末的时候再打开来看，看看通过一学期的努力，自己的心愿是否实现了。很多用心的孩子还把心愿贴折成了小星星，看着他们认真的动作，不由感叹：孩子心中的每一个心愿都是珍贵的。

出于好奇，我随机问了几个孩子："你们的心愿是什么？"一个小姑娘说："我希望爸爸能多陪陪我，出差的日子也能多和我视频聊聊天。"每次一家四口团聚，温馨欢乐的家，应该是她最大的梦想。还有一个女孩说："我希望能有一个又漂亮又厚的本子，这样就可以写下开心的事、伤心的事、难忘的事，等我长大后，就可以打开一页一页地看。"这是个文静腼腆的女生，一笑，眼睛就眯成了一条缝。看来这个女孩的内心十分细腻，想通过文字记录下自己的成长历程。

周启结束后，我把中队的心愿瓶挂在了教室的墙上，孩子们在上课学习的时候，一抬头就可以看见它；在课间休息的时候，一抬头也可以看见它，想到藏在心里的梦想，变成了瓶子里一颗颗五颜六色的小星星，心里应该会美滋滋的吧。希望在期末，当我们开启心愿瓶时，每个孩子的梦想都能实现！

美术的力量

文/熊梦依

　　第一次感受到美术课堂的力量，是在一节手工课上。那天我如往常一样走进教室，却看到不一样的景象：一个平时表现较好、肩上还带着二道杠的小班委，坐在地上抽泣，定睛一看，还有不少同学脸上挂着泪痕。我赶紧拦住走过我身边的学生，询问上节课发生了什么。这位同学波澜不惊地回答道："哦，就是数学没考好，害怕回家挨打吧，上节课已经哭了一节课了，没考好的都在哭，就他哭得最凶。"顺便指了指墙边的小班委。

　　听到这句话他仿佛又受到了刺激，开始喃喃自语："怎么办啊？回去我妈妈肯定要打我的，我不想被打。"听到这里我忍俊不禁，这种被数学考试支配的恐惧，已经提前到了三年级的孩子身上了吗？我立刻安慰道："尽力就行，好好和妈妈解释，妈妈不会打你的。"于是他从低声抽泣改为丧着小脸，正当我思考怎么继续安慰他时，上课铃声响起，我只好让他先做好课前准备工作，心里想着待会他如果控制不住情绪我该如何应对。

　　这节课先回顾了知识点，我就开始让孩子们自己动手实践了。当我再次把目光投向刚刚那位"痛不欲生"的同学时，他已经开始做起了手工，虽然脸上的阴霾还没有散去，但至少情绪稳定下来了。巡视一圈回来后，大部分同学都完成了自己的作品，而这位小班委也已经戴上了自己的作品，开心地做起了鬼脸。

这一瞬间我忽然感受到了美术令人轻松的力量——在短暂的时间里转移注意力，调节情绪，从而治愈人的心灵。在美术学科的三维目标中，情感态度价值观目标是重要却经常被忽略的，而现在我认识到了它的重要性。好的美术作品、创作过程，就是要给人以积极的情感体验，而在常规的美术教学中我们更应引导学生去获得这些积极的情感体验，从而激发学生对生活的热爱。

当然，美术的力量绝不止于简单的调节情绪，美术课堂上，不乏乐于展现自己、善于分享的同学，但是也有像小鲁一样的孩子。对小鲁同学的特别关注起因于美术校队的成立。得知美术校队要成立了，小鲁的妈妈十分热情地对我表达了孩子对美术的喜爱，以及想加入美术校队的愿望。课下询问了孩子自己的意见，没想到他居然回答我"算了吧"。想到可能是家长将自己的想法加在了孩子身上，我又和家长进行了交流，第二天我再次询问小男孩，他又给了我一个肯定的答复。

小鲁是个绘画水平还不错，但是上课几乎不参与讨论、不举手发言的小男孩，我对他的印象是安静、乖巧甚至有点闷。我开始在课堂上更加细致地观察这个小男孩。他对美术确实有非常浓厚的兴趣，每次作业都会认真完成，作业完成得比较完整，但在创意方面有些欠缺。上课虽然会认真听讲，但是基本不举手发言，同时对自己的作品没有很大的信心，在课堂展示环节很少上台展示作品。

于是在课堂上我开始主动询问他一些问题，先是在创作环节，向他提一些与内容相关的问题，启发他丰富画面中的细节；鼓励他在展示环节大胆上讲台，介绍自己的作品。有了第一次展示的经验，与同学和老师互相评价时候的鼓励与夸赞，小鲁越来越喜欢上讲台讲述自己的作品了，在课堂上也能经常看见他高举小手回答问题。看到小鲁的变化，我感到十分欣慰。其实在课堂上还有各种各样的"小鲁同学"，他们有的对自己的作品不自信，有的对上讲台感到害怕，有的不相信自己的能力……我希望能探索到更多方法，利用美术课的魅力和美术的力量，增强孩子们的信心，激发他们的表达欲望。

沐浴在阳光下的树苗，才能汲取充足的养分，健康苗壮地成长。同样的，教师营造充满"阳光"的氛围，孩子们才能更好地成长。在今后的美术课堂上，我会继续给孩子们营造轻松的美术课堂氛围，让他们在愉悦的美术课中收获知识与快乐，更加健康和自信地成长。

数学小游戏之男女生PK大挑战

文/樊简狄

新生入学已经近两个月，作为教师，需要帮助学生尽快适应学校的环境，让一年级新生融入班级集体生活中。

通过观察日常的教学，我发现，不少学生在接触到新的班集体环境后，表现出内敛害羞的特征，他们往往不敢主动与周围的同学交流，融入班集体的速度较慢。也有少数活泼外向的同学对新的班集体环境充满了好奇，在短短的几天时间里与同样外向的同学组成了"小团体"，由于集体意识与纪律意识不足，他们往往表现出"调皮捣蛋"的特征，集体融入的情况同样不容乐观。为了解决这些问题，我在课后服务中融入游戏的元素，通过男女生分组，进行数学游戏，激发学生的学习兴趣，巩固学生的数学知识，培养学生的集体意识与正确的竞争观与合作观。

在一次课后服务中，我将班级的学生分为男生组和女生组，轮流请学生上台在白板上进行游戏PK，最后通过累计得分高低分出胜负。果然，学生对竞技游戏的活动产生了浓厚的兴趣，学生们积极踊跃举手，都希望上台参与数学游戏，在积极的课堂氛围中，教学活动得以有序展开。随着多轮游戏的进行，学生们求胜心切，教室中气氛变得有点焦灼，我敏锐地察觉到了课堂气氛的变化。一位女生小卓由于失误使得原本不分上下的比分出现了变化，女生组落后了，而这也招来了其他女生对她的责怪，小卓同学很失落，全然没有了刚刚举手上台时的振奋，目光略显慌乱，不敢与其他同学交流；而男生组这边因为暂时领先，气氛更加热烈，在接下来的几组游戏中，台下的几名男生竟然大声报起了答案，场面一度有些混乱。

我果断暂停了活动，不断用严肃眼神看向刚才制造混乱的学生，并同时给予情绪低落的小卓同学鼓励与柔和的目光。热烈的气氛冷却了下来，学生们敏锐地察觉到了老师的变化，都停止了叽叽喳喳的讨论，教室逐渐变得安静。"如果你是一个充满集体荣誉感的同学，但在为集体做贡献的时候不小心失误了，那你会不会自责和难受呢？"我平静地引导着学生站在他人的立场思考问题，"那么同学们设身处地地思考一下，此时的你是更希望得到自己同伴的鼓励与安慰，还是埋怨呢？"学生们听后纷纷低下了头，一阵沉默过后，我继续说道："老师希望你们成为一个关心他人、与同伴友好相处的小朋友。比赛的结果并不是最重要的，你们可以一次次努力取得越来越好的成绩，但在比赛的过程中一定要追求公平、捍卫公平，并尊重规则，依靠集体的力量完成任务，这才是最重要的，也是老师希望你们能做到的。"

小卓的同桌转头和小卓轻声说了几句，似是安慰，也是鼓励。几位"调皮"的男生也低下了头，若有所思。游戏随后重新开始，我让小卓又一次上台尝试，这一次她不负众望，出色地完成了游戏，而讲台下学生们也不再有对失利者的埋怨，报答案的情况也得到根本性的改善。于是，我在双方打成平手时结束了这次游戏活动，虽然收获了一场平局，但学生们貌似对这个结果都十分满意，他们意犹未尽地期待着下次PK的到来。这充分说明了学生间良性的竞争能够激发学生的学习动机，当然纪律的规范与教师及时的引导也是这个过程中不可缺少的关键因素。学生在设身处地为他人着想的过程中学会了关心同伴，更养成了集体意识，这能帮助学生更好融入班集体。

神秘的心理氧吧

文/朱诗琴

  在学校大厅的微心愿墙上，有这样一个愿望一下子吸引了我的注意："我想去心理办公室，因为出于好奇，听说那里会让人感到舒适。但是去那里的人好像都是心理有问题的，所以平时不敢去。"一方面，我和她一样，对心理学很感兴趣，平时老是能从其他老师、同学那里听到心理办公室的只言片语，执勤时也常常能看到门口的信箱和定期更新的心理画，早已对心理氧吧充满了好奇。另一方面，也许许多同学都和她一样，对心理咨询有些许误解，觉得只有有心理问题或心理疾病才能寻求心理学的帮助。我觉得这是个很好的一个机会，能让更多同学了解心理学。

  在周三的午托结束后，我便去504班寻找这位瑾萱同学。一听我的来意，她特别开心，一路上蹦蹦跳跳，万分期待。我们一起来到心理氧吧的门口。在进门前，我们先一起仔细欣赏了门口的心理画展板，这里主要展出了各年级同学在心理老师带领下完成的有关心理学的小作品，定期会更换不同的主题。本期的主题是四个情绪画，通过图画的方式表达自己的情感，是一种舒缓心理压力、放松心情的好办法。在作品的旁边是心理氧吧的开放时间和"心灵树洞"。我告诉瑾萱，其实不是心理有问题的同学才可以来这儿，心理氧吧面对所有的同学，当你觉得有压力或者有消极的情绪时，都可以到这里来，进行一些放松活动。平时午休到午写之前、下午两节课后的时间，每个同学都可以来这里放松心情，倾诉自己的感受，如果不好意思当面说，还可以把自己的感受和问题写下来，投递到树洞里，那么心理老师就能看到、帮助你。她点点头。我接着说：那你自己来敲开这扇神秘的大门吧。她凑上前，带着好奇和羞涩小声地敲了敲门，而迎接我们的是和蔼可亲的张老师。

一进门，我们首先看到了一张舒适的沙发，沙发上有许多毛绒公仔，躺在上面让人感到舒适，绿绿的颜色从视觉上也让人觉得放松。不一会儿，我们就被旁边的大柜子所吸引，柜子上摆满了各种模型，人物、动物、神话等等，瑾萱不由自主地拿起来摸摸。张老师介绍说，这是制作沙盘画的道具。瑾萱对沙盘游戏有很大的兴趣，于是在张老师的指导下，我们一起试着体验了一把。画完沙盘画，氧吧里还有一个隐蔽的区域，那里有一张按摩椅和发泄室。发泄室四周都是软软的材质，中间还摆放了一个假人，如果特别生气，无法排解，可以通过打这个假人来发泄情绪，这是一个保护自己、保护他人的方式。我们上手感受了一下，虽说是软软的设计，但真打上去，自己的手还是会痛。张老师说，这也告诉我们，生气时将情绪发泄在别人身上，其实我们也会受到伤害，所以要学会调节自己的情绪，爱他人，同时也是爱自己。

不知不觉，半个小时的时间过去了，这次的心愿之旅也结束了。我们和张老师告别，在回教室的路上，我感受到她的愉悦，因为我也如此，在帮她完成心愿的同时，我也完成了我的小心愿。我告诉她，希望她能把她自己的感受和这次的体验分享给同学们，让大家更了解我们的学校，更了解心理学，认识到心理疏解和咨询不是有心理问题的人才需要的，是日常生活中抒发不良情绪和遇到困难时的一个解决方案。同时，我也意识到，作为一名老师，我也需要具备一定的心理学知识，今天在陪瑾萱完成心愿的过程中，我也了解到非常多新颖的知识，这激励我在教育教学的过程中不断学习，不断拓展自己的知识库，更新自己的知识库，使自己在教学和育人的过程中，能在各方面帮助学生。

曲折的"奖励"

文/徐朝霞

"小艾同学太过分了！"批改练习的红笔顿了下来，是我眼花了？这份练习和刚才批阅的那份，字迹几乎一模一样。我寻思：肯定是小艾让别人代写练习了。平静的情绪瞬间被点燃，火气蹭的一下就上来了。心里想着，待会上课，一定要全班点名严肃批评，班风学风不能乱。

上一节课的下课铃声落定，我拿起练习纸就往教室冲，恨不得马上飞到小艾同学面前，质问他："为什么要让别人代写练习，你知道这是什么行为吗？"碰巧上一节课是体育课，学生在操场上还没有立刻回教室，我便在教室门口来回踱步，看到智慧班牌上正展示陶行知先生的教育思想。先生的四块糖果的经典教育案例在脑海中浮现开来，今天遇到的"问题"有更好的解法方法吗？

短暂思考后，我渐渐平静下来，学生也陆陆续续回到教室，同学之间有说有笑，看来刚才的体育课一定上得很开心。我心里琢磨着，要不"让子弹先飞一会儿"，先找他谈谈，再决定怎么办。

课后我让小艾来到办公室，问他："这张练习纸是你的吗？"小艾很肯定地回答："是我的。"准备好的"糖果奖励"还没发挥作用，火气一下子又上来了，就差喷出"到办公室了，还撒谎"这句话。

我转身喝了口水，平复一下情绪，再次转向小艾，却听到他接着说："老师，这张练习纸真的是我的，同桌拿错了，把我的练习纸拿着写了，后来他发现自己的在桌斗里，就把我的还给我了。"听到他这样说，我好气又好笑。想着：我的"糖果奖励"可以派上用场了。我看着小艾同学投来的目光，说道："听到你这样说，老师很高兴，你让我知道了真实的情况。"

我拿着练习纸继续说："老师把练习纸放在你桌上，确实是你的，但是你交回给老师的这份却不能算作是你的，因为这里的题目不是你解答的，这份练习纸没有展示你的学习成果。"他点了点头。我重新拿了一份练习纸，对他说："这份练习全部做对的同学，老师会给他颁发'谷拾'学习之星，你愿意试一试吗？"

很快，小艾同学就独立完成了练习纸，我当着他的面批阅，并且给他颁发了"谷拾"学习之星奖章。小艾同学很兴奋地说："这份练习纸是我写的，算是我的了吧？"我很肯定地回答："是你的，必须是你的。"

呵护成长　静待花开

文/胡元元

教室里突然响起了热烈的掌声。

原来是小雷同学的数学课堂练习被表扬啦。看着学生们不约而同地为他鼓掌，我诧异了，后来仔细想了想，事情应该是这样的。

一

小雷同学一年级上学期是我们班出了名的"不听讲大王"，他沉浸在自己的世界，时常玩自己的橡皮、铅笔以及其他学具。记得有一次，我特意说现在这节课我们主要是玩游戏。同学们立马激动起来，有胆大一点的学生直接问："玩什么游戏？"我说："乐高。"同学们开心地笑。于是我将游戏规则讲清楚：老师给同学们准备了一些立体图形，同学们可以自由创作，可以把你拼搭的图形给我看，我拍照展示给大家。我们一起认一认是由哪些立体图形组成的。

小雷同学一听说是玩游戏，眼睛泛起了光，坐姿端正地听游戏规则。游戏开始了，小雷同学拿出了自己的特长，三下五除二就拼搭好一个积木。同学们都在专注地拼搭积木，他的那一声"老师，我拼好了"显得十分响亮，我快步走到他身边："小雷同学的作品让我眼前一亮，这个积木搭得很好，一辆豪华轿车就这样诞生啦。小雷同学是第一个拼搭出来的，还拼搭得这么好，小雷同学的创作能力可真强。"小雷同学听了我的评价很开心，手捂着嘴偷偷地笑。看他这么开心，我让同学们给他鼓掌，表扬他超强的动手能力和创作能力。掌声过后，我立马说："我猜小雷同学以后从事的工作是技术性特别强的工作，例如：造飞机，造机器人等等。你们以后谁知道了小雷做什么工作，如果是和我猜的一样，一定要记得告诉我。"同学们一听，觉得非常了不起和不可思议，他们也认真了很多。我连忙说："要想成为这样了不起的技术专家，先要学习，只有学习才可以让我们变得更加聪慧，更加有创造力。那我们就先学好数学。现在，我们来看小雷同学拼搭时用了哪些立体图形。"就节课，小雷同学特别专注，认认真真地听完了一节课。

这是我第一次看到他听讲这么专注。下课后，小雷同学对我说："老师，我想当工程师，我爸爸就是工程师。"我听到后立马说："你爸爸是工程师，简直太厉害了，了不起。你要是想像爸爸一样当工程师，那就要努力学习，学好现在的知识，做好我们小学生现在该做的事情，打下基础，才能当工程师。"小雷听后，很自信地说："老师，我一定会好好学习的。"就这样，我时常在课堂上关注他、和他聊天，慢慢地，他听讲的效率高了。但是听讲过程中又发现了新问题。

二

现在小雷同学听讲很认真，可是在写课堂练习时，我发现，有文字的题目对他来说好像有点难。于是我和他一起认读题目，教他拼读。看着他写的数字工整，卷面整洁，我忍不住夸赞他，而他更加干劲十足，更加认真专注地写作业。

学生识字单靠语文、数学老师是不够的。我打通了小雷妈妈的电话，告诉小雷的学习情况，建议小雷多阅读，多识字。小雷妈妈欣然赞同。有时候小雷还会把学习的故事分享给我听。就这样，小雷认识的字越来越多，可以独立地读一些简单的句子，学习习惯越来越好了，作业做得也一次比一次好，成绩慢慢提起来啦。小雷的进步与妈妈每天陪伴阅读识字分不开。

三

小雷的学习状态越来越好，成绩飞快地提升。一个多月的网课，小雷同学一直认真听讲，勤于思考，积极举手，大声发言。有好几次一些比较难的题目请他回答，他都说得有理有据，思路清晰，表达准确。这次查课堂练习，他是我们班上30多页课堂练习唯一一个全对的同学。非常了不起，班上同学听到念小雷同学的名字，不由自主地鼓起了掌，我也大大表扬了小雷同学的学习态度以及学习习惯。

看着小雷同学的蜕变，我发自内心地为他开心。作为教育工作者，我们身边还有很多像小雷同学一样的学生等着我们去发现他们的优点，让他们建立自信，激发他们的创造能力，引导他们树立梦想。每个孩子都是独立的个体，他们身上蕴含着巨大的发展潜能，我们要用心去呵护，静待花开！

我和"顽固分子"的小秘密

文/周才盛

来光谷十小的第一年，就碰到了一个令我十分头疼的"顽固分子"——班里几乎所有的学生都挨过他的打，十分顽固，谁的话都听不进，科任老师们也一致认为"此生难教"。

我有一个同他一般年纪的侄子，所以在心底一直希望能够帮助他有所改变。慢慢地，课上课下我都会对他多几分关注。

通过体育课上的反复观察，我发现他一直我行我素，不把任何人放在眼里，当然也包括作为体育老师的我。当我提醒他时，他会流露出满不在乎的神态，有时甚至干脆毫不理睬。

怎样才能改变他的顽固呢？作为一个青年教师，这个问题实在让我苦恼。

一次体育课后，我故意留他一起收器材，假装不经意地问：

"你平时最喜欢上什么课呀？你喜欢我在课上安排的游戏吗？"

"还行吧。"又是那不冷不热的表情。

我在心里为自己加油："没关系，慢慢来。"

"那你长大了想做什么呢？"

"当体育老师。"这一次，他脸上出现的不再是那满不在乎的神态。

他的回答让我吃了一惊，直觉告诉我，他外表冷漠，但内心却是火热的。

"那下一次课老师给你机会，你来做一次小老师或者小裁判，好吗？"

"不，不可能的。"

"为什么不可能？"我在他面前蹲了下来，双手扶住他瘦小的肩膀，"试试看吧，老师会在旁边帮助你的。"他一个劲地摇头，"不可能就是不可能！"

虽然我的提议被拒绝了，但我注意到了他倔强的小脸上那一闪而过的、和平时不一样的表情，是期待啊！我用肯定的语气说："不试怎么会知道不行，只要你努力，不可能也会成为可能，相信我吧！"

第一个回合下来，虽然是冷水泡茶，但也有了三分茶香，我们俩之间终于不再是隔着厚厚的墙了。

5月，学校举行了"足球嘉年华"趣味运动会，由于人数较多，每组学生的时间都是有限的，当裁判长的结束哨音响起时，部分还没来得及体验的学生只能被迫结束。

当我正在执行裁判工作时，他突然走到了我的面前，低着头小声说道："周老师，我就差最后这个项目的小红花就可以兑换奖品了，你能不能让我再试一遍，我求求你了……"

按照游戏规则，每人只有一次机会。也许是因为这是他第一次向我"低头求助"，也许是因为不忍心看他失落的眼神，最终我给了他三次机会。

但可能因为太紧张，三次都没有成功，他灰头土脸地走向我盖未通过章，借助这个契机，我灵机一动说道：

"这一次你虽然没有进球，但是老师很欣赏你执着不放弃的精神，所以我破例给你盖一朵小红花，但是你得答应老师，以后的体育课要慢慢学会遵守课堂纪律，并且不能再欺负其他同学了！"

"好好好，我答应！"

"男子汉说话要算数，并且这一次的事情不能告诉任何人，因为对其他同学来说是一件不公平的事。"

"周老师放心好了！我肯定说话算数，绝不会告诉别人的。"话音刚落，他就一蹦一跳兴高采烈地跑去领奖台了……

从此，我跟他有了一个我们俩特有的"小秘密"。

在后来的课堂上，他努力用行动履行他的诺言。每次他忍不住开始想要"捣乱"时，我就会用眼神看过去，他立马会意，然后开始调整状态，继续履行他男子汉的诺言。

这一次，我喜欢上了他的"顽固"。

慢慢地，他表现好的时间越来越长，"捣乱"的次数也越来越少。

一学期转瞬即逝，他的进步班里的同学们都有目共睹，期末的时候已经能称得上体育课上的小榜样了，而且，他还把这种改变带到了其他课堂上。其他老师对他的看法也渐渐发生了转变，对他的评价也提高了。

端起这一杯慢慢浓起来的茶水，饮一口，真是"滴滴香浓，意犹未尽"。

每个孩子都是天使

文/谌圣杰

记得很早之前看过一本书叫《每个孩子都是天使》，书里孩子的世界是单纯美好而又充满好奇的，他们展现出来的是人性中最真、善、美的一面。在我们的学校，也有着很多这样暖心的故事。

细心观察——用慧眼发现孩子身上的亮点

潘同学是班上令老师头疼的孩子，行为习惯不太好，学习上也是经常拖拉、漏洞百出，但是让我对这个孩子印象深刻的原因并不在于此，而是在我们幼儿园安置期间发生的暖心事。

在幼儿园办公的那段时间，老师们都是在教室的小置物间里午休。每天中午，到一点半午休结束时，孩子们都会把教室里的灯打开。由于教室里面灯的开关和小房间里面灯的开关是连在一起的，所以小房间里面的灯也会被孩子们一起打开。但是我发现小房间里的灯被打开一会儿之后，马上就会被关掉，每天都是如此，这样老师们的午休就不会被打扰了。后来我惊讶地发现，原来是潘同学这个"护灯小卫士"在每天午休结束之后，就立马跑到灯的开关这里，将老师午休的小房间里的灯关掉，并且跟旁边的同学说："老师们还在休息呢！"

有一天她骄傲地跟我说："我知道小房间里面灯的开关在哪里，我看你们还在睡觉，就把那个小房间里面的灯关掉了！"我的心都要被这个小宝贝暖化了，这不就是每天守护老师午休的小天使吗！每个孩子都有自己的闪光点，作为老师绝对不能只用学习成绩这一个标准来衡量学生，而是应该用一双善于发现的眼睛来挖掘孩子们身上不同的"闪光点"。

春风化雨——用鼓励坚定孩子前进的信心

郑同学刚刚进入一年级的时候，行为习惯不规范，上课时经常管不住自己开小差，需要老师特意提醒。

学期过了一大半，他的座位刚好换到第一排，我注意到他在行为习惯方面越来越好了，在英语学习上也有了很大的进步。中午到班上值班的时候，我随口表扬了他一句。没想到第二天他妈妈给我发信息感谢我对孩子的鼓励，说孩子放学就回家告诉她今天我表扬了他，说他英语有进步，他特别开心。他妈妈还表示孩子最近对英语越来越感兴趣，能开口大声朗读了，自信心也增强了。

没想到自己不经意的一句话对孩子有着这么重的分量，没想到自己的一句鼓励能让孩子这么开心。谢谢这个小天使让我明白了老师话语的力量，也让我明白了鼓励是最好的教育方式之一。

循循善诱——用细心守望孩子成长的脚步

吴同学是一个"虎头虎脑"的小宝贝，新生入学体验第一天，她就和我们班后来的"混世小魔王"坐在一起，在老师给孩子们讲解行为规范的时候，两个人在下面窃窃私语，不亦乐乎。

我走到旁边去提醒他俩，"看来你们对于成为一年级小学生这件事情特别兴奋呀，遇到了新的朋友也很高兴是吗？老师可真为你们感到开心，可是如果你们可以安静下来认真听一听，怎么才能成为一名合格的小学生，那闯关卡上面的笑脸很快就会集齐了哦。"

没想到这话对这个"小虎妞"来说还挺管用，她立马变成了一名标准小学生的模样，认真听讲，积极参与课堂活动。后来班主任命她为英语课代表，由于她在英语课上的表现不是很突出，我怀疑她能不能担此"重任"。于是我单独找她聊，告诉她："你看，班主任让你当英语课代表，这是一件多么光荣的事情呀！那要当好这个课代表，首先你是不是应该严格要求自己，好好学习英语呀？老师相信你肯定能行的，不要让老师失望哦！"

后来我经常鼓励她，没想到这个小宝贝后来在学习上对自己要求越来越高，坚持每天听读英语20分钟，还经常让我检查呢，这次英语期末考试她还考了满分呢！

现在她每天都会问我中午是不是值班，如果我说"是的"，她就会欢呼雀跃；如果我说"不是"，她就会说："那我去你办公室读书或者陪你睡午觉好不好？"哈哈……谢谢这个小天使让我明白"你能行"的力量，也谢谢这个小天使平时做的很多暖心的事情，让我觉得当老师真是一件幸福的事情呢！

老师，我爱你

文/黄晓璐

时针指向16：50，放学时间到了。

"所有同学听指令，净桌面，收书包，齐桌椅，10秒钟站好队伍，挑战准备。"一声令下，同学们停下手上的动作，以最快的速度收好书包，将凳子推到桌子底下，一路小跑到走廊上站队，有几个"小迷糊"还慢悠悠地收拾着。

计时器来到30秒，我站在班级队伍的最前方，闹哄哄的走廊上充斥着各种各样的声音。每天这个时候，走廊上最是热闹，乌压压的队伍，仿佛看不到尽头，队伍里的"小毛头"们，像一个个等待出笼的鸟儿，叽叽喳喳兴奋地讲个不停。在等待教室里几个磨蹭的"小蜗牛"时，一个小女孩的声音从乱糟糟的讲话声中传来，"小鹿老师，我爱你！"声音响亮坚定，又夹杂着些许害羞，循着声音，我看到了离我不远处的她，一个红着脸、眼睛闪着光的小姑娘，她扎着两个整齐的小辫儿，睁着圆圆的大眼睛，红扑扑的小脸，像天边即将落下的夕阳，晕染着彩霞。原来是小茜，我对她会心一笑，摸了摸她的小脑袋，随即，进入整队状态中。

"一（8）班"

"到"

"抱臂向前看齐"

"齐"

"立正"

"12"

在同学们响亮的口令声中，队伍渐渐整齐了，带着队伍来到放学的指定地点，和孩子们一一说再见，看到熟悉的放学场景，在往教室走的路上，脑海里回想起前几天放学与小茜小朋友的一幕幕。

"小鹿老师，我的水杯忘在教室了，水也忘记倒掉了，能麻烦你帮我回教室看看吗？"我毫不犹豫地答应了，询问了水杯的具体样式，让她先放心地和奶奶回家。回教室打扫卫生时，果然在她的抽屉里看到了一个蓝色的有着海豚图案的保温杯，我遵守承诺，帮她把水杯里的水倒掉，再重新放进抽屉里。

"小鹿老师，我的眼镜不见了，你能帮我回教室看看吗？"同样的放学场景，同样可爱的小人儿，我叮嘱她："以后放学，检查好自己的物品并收拾好再去排队哦，先回去吧，老师帮你找。"这一次，在她的桌面上看到了一幅玫红色的眼镜，我帮她收好放进了抽屉里。

回到教室，我的思绪又回到她表达爱意的这天下午，晚托时间，辅导孩子们书写语文课堂练习时，路过小茜的身边，发现她一边哭，一边拿橡皮擦着什么。"小茜，怎么了？有什么事情和老师说。""老师，这一题我没有听懂，能不能再给我讲一遍？"她抽泣着，小心翼翼地询问。于是，我耐心地引导她一步步理解题目的意思，并启发她自己得出正确答案，"你看，答案出来了，你真厉害，有问题，举手找老师帮助你，不要偷偷哭，好吗？"她擦干眼泪，微笑着回答我："好，谢谢老师"。

　　印象中的小茜是那个生动活泼、惟妙惟肖地朗诵着课文的"百灵鸟"，一年级开学前的一周，我的微信上每天都能收到小茜的朗诵视频，有时穿着崭新的校服，有时穿着唯美的古风小裙子，有时穿着漂亮的公主裙……视频中的她大胆自信，生动的表情搭配着丰富的肢体动作，在声调的高低起伏中，将一年级的课文有感情地一一朗诵出来，《升国旗》《拔萝卜》《青蛙写诗》……一篇篇还没学过的课文，都被她生动地演绎了出来。每次收到她的朗诵视频，我惊叹于她流利的表达和成熟的朗诵技巧，也感叹于她还未进入一年级的课堂，却已将一年级上册的多篇课文流利背诵。而课堂上的小茜又变成了一个容易害羞腼腆的"乖乖兔"，听讲时，坚定闪亮的眼睛，回答问题时，想举又不敢举起的手，没听懂时，因着急而落下的眼泪……

　　不知不觉中，回想着这个小姑娘的点点滴滴，教室卫生打扫干净了，关灯，走出教室门，一抬头，今日的晚霞格外绚丽。

欢 喜 冤 家

文/谭言微

　　小吴和小罗是一对形影不离的好朋友，好到什么程度呢？下课你追我赶，上课交头接耳，一起笑哈哈，一起挨批评，也算是"同甘共苦"了。

　　然而，再和谐的关系总免不了磕磕绊绊，友情也不例外。除了一起玩闹的快乐时光，他俩不是在吵架，就是在告状的路上，每每跑到老师面前来，气呼呼地诉说着鸡毛蒜皮的小事，总是谁都不让谁。起初，我还认认真真地当他们之间的"侦探""法官""审判长"，梳理双方的"陈词"，找出"漏洞"，再断定结果，这结果往往也是"各打五十大板"，最后以互相说"对不起"后又勾肩搭背地跑出去玩耍告终。时间久了，我慢慢琢磨出他们的小心思：他们并不在乎对错，只是想争个输赢。老师作为他们眼中的权威，可以为他们的争执画上句号，给他们一个和好的台阶。

　　班上类似这样的"欢喜冤家"还有好几对，我的讲台就像居委会的调解室，每天调解着各种各样的纠纷，人来人往，络绎不绝。又一次鸡毛蒜皮的小事发生了，因为游戏规则谈不拢，前一秒勾肩搭背的好朋友开始激烈争执，甚至大打出手。为此，我开了一次题为"矛盾"的班会。

　　班会伊始，我问孩子们："你们的爸爸妈妈吵过架吗？""你们和爸爸妈妈之间有不合自己心意的时候吗？""所以爸爸妈妈不相爱了吗？你们不爱自己的爸爸妈妈或者爸爸妈妈不爱你们了吗？""最最亲密的人之间都有会小摩擦、小矛盾，平时跟同学、朋友的相处也难免会有矛盾、误解和争执。但这并不能说明你们就不喜欢对方了，更不能说明你们就是仇人了。""遇到矛盾，解决的办法有很多种，动手是最不聪明的一种。"

　　我问两位当事人："你这样做的时候心里想的是'这个人是我的仇人，我要打死他'吗？"两人摇摇头。"面对这些时，可能两个人都头脑发热，会在冲动下做出一些让自己和别人都后悔的事情。""班上的同学们都是同学，有些是好朋友，有些是同桌，有些是前后桌，有些是社团的队友，还有些同学从幼儿园开始就一起学习、玩耍，身边的这些人都是要一起生活学习好几年的人，就是这样的人，值得自己因为一块橡皮、一根铅笔、一次争吵就动手吗？""发生矛盾，很多人会头脑发热，做出后来让大家都后悔的事情。但结果已经发生了，后悔是没有用的。""当你和同学、朋友发生争执的时候，想一想这件事值得你们破坏自己的友谊去吵架吗？应该怎么解决会更好呢？当你十分生气的时候，想一想为什么会变成这样？眼前这个人是我的好朋友，我们争论的事情值得我去伤害他吗？"会上，我用问问题、举例子、讲道理的方式，引导孩子们全面看待矛盾，正确处理矛盾。

　　会后，当小罗和小吴又一次因为铅笔、橡皮这样的小事吵吵嚷嚷来告状时，我佯装生气地说："你们不要当好朋友了，平时都离对方远一点，就不会天天吵架了。"没想到小罗一听，想了一会儿，开始认真地跟小吴分析他们吵架的原因，在主动说完"对不起"后，拉了拉小吴的小手说："你也该跟我说对不起了。"小吴也顺着这个台阶，爽快地向小罗道了歉，两个人又勾肩搭背地走了。

孩子们的世界很单纯，单纯到一块橡皮也是大事，单纯到一句"对不起"就能解决所有的"大事"。如果会说"谢谢"是他们人际交往需要学会的第一步——感恩；那么会说"对不起"就是他们人际交往的进阶之路——反思。

"爱哭包"成长记

文/汪贝贝

"汪老师，小乐哭了！""汪老师，小乐又哭了！"前半学期，在课堂上、课间我总能听见这样的声音，提醒着我班上有一个随时可能情绪失控的小乐同学。

小乐个子高高壮壮的，皮肤稍黑，看上去就是一个健康、阳光的小男孩，却有一颗脆弱、敏感的心，情绪极易波动，遇到一点不顺心的事情，情绪就会失控。课堂上老师没点他回答问题会呜呜地哭；玩课堂小游戏没让他第一个上场会呜呜地哭；作业没全对会呜呜地哭；考试遇见难题也会呜呜地哭……只要老师没有第一时间关注到他，或遇到困难就会哭得停不下来，一边哭还一边小声嘟囔着。不管老师怎么劝说和安慰，都像没听见一样，完全沉浸在自己悲伤的情绪中不能自拔。

一次语文课上，我以开火车的方式带着同学们识记生字，同学们可喜欢开火车了，口令一喊，都举着小手期待小火车从自己那里开起来，小乐也踊跃地举手了。可是这次我没有最先让小乐当火车头，而是点了一个性格内向、平时不太爱举手的小朋友，小乐又不高兴了，呜呜地哭了起来。这一次，我没有试图去劝说他，而是一边上课一边走到他身边，摸摸他的头，等到开第二列小火车的时候，提醒小乐只有止住哭声，冷静下来，才有机会当火车头，这样才勉强安抚好他的情绪。

下课后，我和小乐妈妈及时沟通了小乐的表现，并了解到小乐是一个活泼爱笑的孩子，但自从家里有了妹妹以后，他就变得异常敏感，当爸爸妈妈的注意力不在自己身上时，就会大哭，以引起大人的关注。他自尊心极强又极度缺乏安全感，渴望别人的关注，情绪极易受外界影响。了解到他的情况，我建议小乐妈妈多关注小乐的情绪，平时多陪伴他，多给予他鼓励和表扬，增强他内心的安全感。

同时，我也和小乐做了约定，每天只要他忍住不哭一次，就在本子上画一个"正"字，放学之前凭"正"字到我这里换小红花，当小红花达到5朵，就可以兑换一个小礼物，小红花越多，礼物就越大。果然，礼物的力量是巨大的。约定的第一天，小乐就兑换了2朵小红花，并向我保证，他明天一定会集齐5朵小红花兑换礼物的。就这样，慢慢地，课堂上的哭声越来越少了，最近半个月，小乐在课堂上基本不哭了，我们班的"爱哭包"不见了，我们班又多了一个勤学善思的小宝贝。

低年级的学生都是成长中的孩子，他们在成长的过程中会遇到种种困难，情绪波动也会很大，老师不仅要有耐心、爱心，也要有巧心，智慧地帮助孩子慢慢长大。

"铁树"开"花"

文/张咏梅

和我聊天时，小易同学的妈妈总会说上一句："不知道这铁树什么时候才能开花？"

小易同学的桌面上总是乱乱的，一说让他收东西，他就直接将桌子上的东西全部往抽屉里一拨，表示完成收纳任务。与他交流时，眼睛永远不会与你正视；课间休息，总是一个人站在窗边，羡慕地看着其他同学玩耍；和同学发生冲突，脊梁骨就像被人抽去一般，更别提据理力争了。

奇怪的是，在学校的"小绵羊"，一回家就变成了小霸王。他爸爸辅导作业时不能靠近他，一靠近他就会大声叫喊，情绪激动时则以"你们不爱我了，我要离家出走"相威胁；生活方面，他基本处于衣来伸手、饭来张口的状态，饭菜不合胃口则拒绝就餐。用他爸妈的话来说，一大堆坏习惯，几乎一言一行都需要纠正。

改什么？怎么改？

一改破坏性最大的。首先不能用激进的方式表达情绪，要与理性家长沟通。孩子之所以窝里横外面怂，要么是家长太纵容，口中怨你怪你不爱你，行动却"出卖"了自己；要么是家庭教育观念不一致，在一方（或父母）管教孩子时另一方（或祖辈）会出来干预，导致孩子钻空子。

　　通过电话沟通，我了解到目前他们家现在三代同堂，管教孩子时老人会出来干预。改变老人难度太大，只能从孩子着手。我在网上找了段小孩发脾气的视频放给他看，并询问他内心的感受。

　　"不太好！"他没想到我来这一招，低着头，不敢与我直视。

　　"那你帮这个小孩出出主意，有哪些和爸爸妈妈沟通的方法？"

　　"可以好好说。"他想了许久，抬头看向我。

　　"是的。只有在冷静的状态下，才能指挥我们的大脑想出更好的办法。我想你也可以做到的，是不是？如果你当时不够冷静，可以到自己的房间冷静一下。"

　　"好！"

　　"你要记住，在跟人沟通时，不要看到对方情绪激动了，就自动退让，忍气吞声。如果你在学校和同学交往时遇到这样的困惑，可以像妈妈这样寻求老师的帮助。我们一起找方法！"

　　他点了点头，并很快付诸行动，开始频繁向我求助。谁拿了我的东西，谁说我懒得像某种动物……每当这时，我都会教他：看着对方的眼睛，告诉对方，请不要这样做。即使吃了亏，也是暂时的，对方会因为你坚定、和善的态度更加尊重你。

　　二改容易见效的。不把重点放在学习习惯（如完成作业）的纠正上，因为这个比较难，容易失败，从而使学生失去信心。那做点什么呢？就让他教同学们擦餐桌吧：先用干纸巾将残渣汤羹蘸起，再用湿纸巾将油污部分轻轻擦拭一番，最后用湿抹布将整个桌面擦干净。每天让他跟值日生讲解一番，再检查同学是否完成。一个月后初见成效，班上孩子看到了他的努力给班级带来的改变，也不再以老眼光来看他了。

让孩子在改变中成长，"铁树开花"指日可待！

爱是教育最温暖的底色

文/王冰怡

有人说教师的魅力在于讲课时的从容，有人说教师的魅力在于对学生的包容，而我认为，教师真正的魅力在于对学生的爱。

每一个孩子都渴望得到老师的爱与关注，或许他表现一般、成绩一般，或许他性格内向、胆怯，但无一例外希望获得更多的爱。我接触过很多学生，最让人欣喜的不仅仅是看到他们成绩的提高，更是其由内而外的改变。

在我任教的班级中，小吴同学就是这样的学生。他总是一个人安静地坐在座位上。偶尔看书，偶尔做手工，偶尔也会被身旁的同学逗笑，但他从不参与。不爱说话，从不主动和老师、同学交流，每次都是静静地听老师说，脸上也没有什么表情。似乎学校里的事情都不足以吸引他，所有的事情都与他无关。这样的孩子其实很容易被教师忽视，所以我特别关注他。

课堂上他从来不举手发言，很少与我有眼神交流，每当我注视他时，他就赶紧低下头，很怕和我对视，看得出来，他并不希望被我点起来回答问题。有次我试着让他回答问题，他十分紧张，说话时声音很小，同桌都听不清，同学们开始议论"听不见"，他越发紧张了，咬紧嘴唇，手指紧紧抠着桌面，我走过去，轻轻地拍了拍他的肩膀，对同学们说道："小吴同学今天进步非常大，他能勇敢地站起来回答问题，而不是逃避问题，我们要把掌声送给他！"同学们听了我的话，纷纷为小吴同学鼓掌。小吴同学不好意思地低着头，脸也红了，但是嘴角微微地翘起，看得出来，他其实很开心。这也是我第一次感受到他的情绪。我也很开心！

有一次作文课，我请同学们画一画自己最喜欢的玩具，孩子们都很有兴趣地开始创作。我轻轻地走到小吴同学身边，他画得非常投入，很是认真，完全没有发现我站在他身边，看着他认真的模样，我发现原来他做事这么细致，而且肯动脑筋！他画得非常不错，"大功告成"的他激动地放下笔，一抬头发现我在看着他，他赶紧收回目光，不知所措地看着自己的作业本，我笑着说："你的枪画得真好！"他害羞地看了我一眼，赶紧低下头，不自然地摸了摸自己的头，然后我问他："我可以向同学们展示你的画吗？"他点了点头，我举起他的作业本向全班同学展示，夸他的画画得准确、美观，他的脸上立刻露出喜悦的神色。后来在上课时，他开始主动举手发言了，我及时表扬了他，让他在愉快的情感体验中接受教育。慢慢地，他不再躲闪我的眼神，开始积极主动地找我问问题，从一开始的"围观群众"到走近我身旁，小声告诉我"我也会"，而我会第一时间告诉他"你真棒"。

现在的他，镜头前坐得端端正正。也许是因为网络的距离，我的每一次表扬，他都笑着接受，不再害羞逃避，开始主动举手回答问题，没有点到他时，懊恼的小模样也特别可爱，听到其他同学答错时，他也会激动地站起来。看到镜头前的他如此放松，我也感叹：这才是小男孩该有的状态呀！网课期间，每一次课堂练习他都会主动发给我看，每次都会给我发一句语音，从开始的"老师，我的作业"到现在"王老师！请您看看我的作业！"每一次我都会语音回复他，慢慢地，小家伙会主动给我语音回复："王老师辛苦了，祝您周末快乐！"每次收到他的语音，我都会觉得很有成就感，陪他一起成长的感觉真的太美好了！他依然害羞，但是主动、自信了很多，我相信他会越来越好！

　　师爱是尊重理解学生，师爱是关心爱护学生，教师只有把这份爱牢牢记在心头，付诸实践，才能为学生架起爱的桥梁。总有家长会抱怨"孩子胆子小，孩子内向"，其实这并不是缺点，胆小的孩子做事谨慎，内向的孩子内心丰富，他们只是比其他的孩子更需要被人看到，被人肯定，我很乐意成为这样的发现者。

　　师爱就像是闪耀着璀璨光芒的钻石，它能激励学生奋发向上，改变自己。我希望，我的学生都能在爱里茁壮成长。

PART 4
在自己的季节绽放

语文老师的浪漫教育

文/陈琛

2019年春天，在"谷拾"108班，班主任刘彩红老师在看到春分的落霞和我带来的白板风筝后，让同学们暂停晚读，一同为风筝上色，再去操场上赏景放鸢。我将这一举动称为"语文老师的浪漫"。

观景和读书哪个更重要？在刘老师眼中，难得一见的美景更值得孩子们放下书本去观赏。在"谷拾"，和刘老师作出同样选择的老师不在少数，赏花、品月、捕捉鸟儿翱翔天空的画面……我们这些过来人，无不珍藏着这些幼时老师带给我们的宝贵回忆。回想过去，校园生活在你脑海中留下的是怎样的记忆？是每天课堂的知识？是老师授课精彩的讲述？是玩伴疯跑打闹的过程？还是与老师一起共同经历的那些没有太多"意义"的故事？孩子们的校园时间，不仅有菁菁校园里的美好瞬间，更让他们点亮了欣赏美、发现美、尊重美的眼睛。正是这一暖心之举，在学生心中埋下了向往美好生活的种子。

蔡元培先生认为，"人类能在音乐、雕刻、图画、文学里找见他们遗失了的情感"；费孝通先生"各美其美、美人之美、美美与共、天下大同"的表述，被奉为经典、深入人心。今时今日，我们注重人的全面发展，开展多元化课程，践行五育并举，重视学生能力的培养，勇敢迈出步伐，踏入我们不太擅长的领域，与学生共同学习共同成长，对教育的要求也从"熏陶"上升为"启迪"。无论是开阔视野、开放心灵，还是锻炼思维，美育和体育都起着不可替代的作用。人因学而美，人因美向阳，"谷拾"的教育，是以培养健体自强、成长自信、文明自觉、心智自由的孩子为根本，而同样是美育，课本中得来的知识、技巧毕竟受局限，书中记录的世界名画再美，文字描写再精妙，VR技术再真实，也不如亲眼见证一片绚烂云彩的诞生和消逝来得直观——那里有风与云的变化多端，有光与色的如梦似幻，大自然将真实的美散播到每个人的身边，你我手牵纸鸢，放逐天际，将师生共绘的蝴蝶，飞舞在校园上空，高高的，美丽的，与蓝天白云和落霞相伴，当它逐渐变得渺小时，我们甚至忽略了手中的丝线，仿佛它拥有了生命，融入了绚丽美景。我们无法成为别人的眼睛，但我们尊重着生命的时序，引导着这群少年寻找与发现美。

有人说，教育的本质不是装满而是点亮。以点亮、启迪为目的，教育的格局从此打开，培养实干型人才很重要，培养创新型人才更为重要，启迪式的教育让孩子更自信，更懂生活，更会创造。在知识学习之外，德育、美育、体育、劳育，不留短板的教育才能培养出更优秀的人。"双减"的一个重要目的，就是让学生有更多时间和精力全面发展、个性化发展；学习在课堂之外如何学习，课堂教育之外，生活中处处都是合适的教育场景；在学校老师之外，孩子接触到的每个人都可以成为"老师"，每件事物都蕴含知识，主动研究，积极探索，才能打开多元化成长之路。虽然教育离不开知识，但真正的教育是用知识来充盈人、服务人、启迪人，其意义既在于打开封闭的视野，看到更远处的世界，也在于触动内心的自信与热爱，释放出自我无穷的力量。

刘老师出生在一个幸福的家庭，如今也经营着自己的幸福小家，无论到哪里，她都将这份幸福传递着，曾经的108班已经成长为如今的508班，这里有着一群幸福满满的小学生，每天开开心心地学习与玩乐。我曾问她为何这样幸福，她回答道："因为爱美呀。"

"一棵树摇动另一棵树，一朵云推动另一朵云，一个灵魂唤醒另一个灵魂"，好的教育是一场火炬间的传递，我将温暖传递与你，将幸福和寻找幸福的方法传递与你，你点亮自己，用光和热辐射周围的群体。期待这样的教育再多一些，期待这群充满幸福感的孩子快快长大，将自己的这份幸福有力地传递。

龙

文/时明远

三年前，我刚入职，学生昕昕读三年级。

我带着满腔热情，游走在叽叽喳喳的课间教室里。远远望去，昕昕好像因为上一堂课上开小差，被老师训导。走近一打听，才知道她在数学课上画了一只恐龙。A4的纸，恐龙却只有五六厘米大，一看就是偷偷画的。数学老师把昕昕的"杰作"交给了我，仔细看去，恐龙四肢上长了很多羽毛，整整齐齐，恐龙眼睛倒是灵动得很，像昕昕慌张的眼神，满是心事。

下一节是我的课，接过"杰作"的我，被昕昕以为是换我接着训诫她。我拿起笔，在小恐龙旁边画了一只稍大的恐龙，是足够和小恐龙友好相处的尺寸。想着小恐龙有羽毛，大恐龙也要有自己的特色才好，便胸有成竹地画了起来，一不小心画了三条后肢。我把"杰作"还给昕昕，原本惶恐的她，看着我笑了，她小心地问："为什么你的恐龙有三条腿啊？"我碍于面子，说："它其实是有两条尾巴，那一条像腿的尾巴里没有健硕的骨头，属于变异失败了。"昕昕一听，来了劲头，便开始给我介绍起她的小恐龙："我的恐龙也是变异的，它四肢上长满了羽毛，是为了增强它的感受能力……"

美术课一周只有两节，按理我可能在课堂上才会和昕昕讲几句话，没想到却因为"画恐龙"提前和她成了好朋友。昕昕那幅恐龙作品一直被我称为"杰作"，因为她笔下恐龙的眼睛非常灵动，像有生命一般。这吸引了我，我想让她站上区"艺术小人才"的舞台上展示自己。

我开始试着进一步了解昕昕。从班主任那里，我了解到昕昕学习成绩并不理想，因为她上课总是走神，可是在美术课堂上的昕昕，注意力却格外集中。我想利用她热爱美术的特点，引导她将注意力转移到其他方面。放学时间，我拨通昕昕妈妈的电话，沟通了近四十分钟。话题主要围绕几个：家里是否支持学生的艺术爱好；家中是否有从事艺术工作的亲人；学生有没有单独的学习空间和创作空间等。谈话下来，一切结果都是积极正向的，昕昕的家人不仅支持其创作，而且还常常为其创造接触艺术的机会。重要的是我了解到昕昕对"龙"特别感兴趣，只要是与之相关的，她都有兴致钻研，比如东方龙、西方龙、恐龙等，或画或制作，她愿意用各种形式将其创造出来。

我带着昕昕欣赏了许多优秀绘画作品，她总能发现一些其他学生不会注意到的细节，这种独特视角，从她自己的作品中也有所体现，每一幅都能找到一处令人惊喜的地方，加上她精彩的解说，甚至会让观者向往画中的世界。

昕昕绘画有优点，自然也有缺点，那就是刻画不够全面。这也是她参加"艺术小人才"比赛前需要加强练习的地方。从比赛的角度来看，昕昕的绘画水平发挥不稳定，有时令人赞不绝口，有时令人崩溃不已。比赛临近，短时间内使绘画效果更好，并不是简单的事，于是，我想让其发挥自己的专长，描绘自己最想表达的，并向她提了两个要求，一是涂色要完整，二是线条要清晰。

没有什么是比真情实感更能打动人的。昕昕在"艺术小人才"比赛中以恐龙为主角，描绘了一幅以《温暖》为主题的作品，恐龙母亲和小恐龙四目相对，中间画了象征爱的装饰柱，配以明亮且和谐的色彩，这幅作品最终取得了区二等奖的佳绩。我在班上大力表扬了昕昕同学，并借此机会鼓励同学们对自己热爱的事，要报以十分的热情和专注。

比赛以后的学习和生活中，我常常和昕昕交流与龙相关的事，看到新潮艺术家创作的中国龙，我会通过她妈妈的手机发给她，她创作了新的龙作品，也会拍照与我分享。再后来，她画过素描恐龙、彩泥小龙、手办银龙、梦幻夜龙……

日常的艺术交流及创作的成就感为昕昕树立自信心打下了坚实的基础。课堂上昕昕逐渐积极起来，回答问题、分享想法，讲话声音也铿锵有力，语气坚定。四年级时，昕昕带领绘画小组，共同完成了以"春"为主题的宣传涂鸦墙，还取了个很好听的名字"春龙唤雨"，视觉效果特别好，绘画小组也因此获得了师生的一致好评。通过那次活动，绘画小组认为她分工合理，有协调能力，值得信任。有了同伴的信赖，昕昕在美术这条成长路上，确立了更高的目标：通过美术为社会做出自己的贡献。

升入五年级后，她加入数字绘画校队，学习新艺术形式，认真向老师请教，刻苦练习，将自己的想法用平板电脑创作出来。新年时，她创作了电子明信片，并印刷出来送给自己的亲友，表达新年祝愿。没有人想到，因为一张小小的明信片，昕昕向省级舞台迈进了一大步。负责信息资源中心的王老师告诉我，省里的数字绘画大赛即将举办，推荐昕昕参加。昕昕得知消息后，在激动之余，便开始认真思考：在没有命题的前提下，应该提交什么作品到省赛。她想起自己的目标，又受到做科研芯片的父亲的影响，决定创作一件科技产品绘画——"北斗定位项圈"，目的是保护野生动物。我和她一起构思，这项圈应该长什么样，应该以什么角度呈现，又应该通过什么样的画面来展示它的功能。经过数次修改，终于得到满意的效果，并提交了作品。功夫不负有心人，在评选结果公布时，昕昕榜上有名，取得了省级二等奖的佳绩。每个人都为昕昕取得的成绩送来祝福，一路支持昕昕成长的老师、家长、同学，都是她成长路上的光，是指引，亦是陪伴。

"龙"是什么？它一开始只是一幅画，后来是一件手工作品，再后来它是一份信念，最终它是一次成长。

你终于回来啦

文/宁欢

阳春三月，杨柳拂堤，适合踏青、聚会、放风筝，当然也适合上班、上学。校园里洋溢着欢声笑语，一切都刚刚好，但是一个小可爱迟迟没有回到学校，我的心里总是空落落的。

正在疑惑之时，接到了小远爸爸的电话："宁老师，孩子一直哭着闹着不想上学啊！他非常排斥上学，尤其开学前的这两个星期，每天哭，每天理由还不一样，有时候说班上同学欺负他，有时候说头晕，有时候说肚子疼……"聊了许久，实在没有办法，爸爸决定先请病假让他在家继续待一下。

最高级的治愈：分享

自从得到小远请病假的消息，我就坚持拍照、录视频，有的是同学们上体育课尽情地玩耍，有的是数学课上同学们自信满满地表达，有的是语文课上师生有趣的表演……晚上忙完工作，就进行剪辑，这通常会花费两个小时左右，非常满意了才发给小远，爸爸说小远每天看着视频笑得很开心，有一天还说："感觉学校还是挺好玩的。"但不管他笑得多开心，始终不愿意回学校。我安慰道："没关系，总需要一个过程，我会坚持每天分享快乐给小远的。"

就这样，我坚持了一个星期。从和家人的交流中我发现，他有点动摇了。听到这个消息，我更加开心，立马进行了下一步计划。

很珍贵的财富：友谊

在我看来，生活在社会中的每个人都需要温暖，需要周围人真诚的关心，于是我组织了一次班会，主题是"缺一不可"。在班会中，我发现所有人都很奇怪为什么小远同学一直没回学校，其实大家很想念他。为了保护小远的自尊心，我没有说出害怕上学这一事实，而是说了一个善意的谎言，小远现在在老家，离武汉很远，需要一段时间才能回来，他很想大家，我们能不能做点什么迎接他回来呢？同学们炸开了锅，非常热情，最终大家决定自己画一幅画或者写几句话送给小远。我满意地笑了，每个孩子都是这么善良、纯粹、质朴。"小远，我们好想你呀！""小远，快来学校哦，我偷偷把奥特曼带来给你玩。""小远，马上学校要运动会啦！咱们一起报名比赛，为班级争光吧！"……看着一句句真诚的话语，我的眼角已经湿润了，准备进行我的最后一步努力。

超特别的感动：见面

周五放学之后，我再次拨通电话："小远爸爸，周末在家吗？我方便去见一下小远吗？"爸爸表示热烈欢迎，说除了不想上学，小远其实一直念叨着想见我，听到这个消息，我也非常开心，约定好了时间地点。周六的上午，我提前半个小时到了他家楼下的草坪。在我还在心里预演等会儿见面怎么说时，听到有人喊我："老师，我们来了！"小远满脸笑容地出现在我的面前，小手紧紧拽着妈妈的衣角。我热情地迎面向他走去，早已忘记心中一遍遍预演的场景。"在家开心吗？想老师了吗？"他害羞地点点头，我们坐在草坪上聊了很久。最后，我拿出袋子里47份贺卡和图画："小远，大家在等你呢！我说你在老家玩儿，还没回武汉，大家还给你准备了惊喜呢！"他眼珠子瞪得溜溜圆，嘴巴张得大大的，紧接着我拿出周五放学录的一段大家齐声说话的视频："小远，我们想你啦，快回来哟，少一个都不行哦！"他突然眼睛红红的，嘴巴微微颤动："真的吗？老师，大家都很想我吗？"我使劲地点头。他强忍着泪水微微笑了一下，望了一眼妈妈，妈妈对他点点头，他又望向我，我再次坚定地点点头。等我转身准备走的时候，他喊住了我："老师，你还会来看我吗？"我笑着说："你先来学校吧！让老师和想你的朋友们先见到你，以后我还会来的！"他紧紧拽着妈妈的手，边点头边笑。

最美好的期待：团圆

终于等来了周一，我有点小小的着急，这天我也早早地到了班里，失望的是：铃声响了，小远并没有来。我想他今天大概不会来了。就在这时，门口摇摇晃晃出现一个熟悉的影子，我喜出望外，"来了，小远，快去早读吧！"他眼神飘忽了一下，慢慢走向自己的座位。很多孩子也很惊喜，"哇！你终于来了！""老师说你在老家，我们还挺想你的。"我没有阻止他们互道思念。平静下来后，大家一起认认真真地读书，整整齐齐的感觉真好啊！

可能很多事情都需要适应的过程。

第二天，他吃完午饭回去了……

第三天，他上完下午第一节课回去了……

第四天，他晚托结束回去的……

第五天，他和大家一起回去的……

又是一个周五下午，我拨通了小远妈妈的电话，他妈妈非常欣喜："宁老师，谢谢您，孩子愿意去学校了，我们工作很忙，您真的费心了……"在后面的讲述中，我又了解了更多：幼儿园那段时间，小远一直待在国外，和爷爷奶奶接触很少，回来之后跟他们不亲近，不愿意让爷爷接送他上学，不熟悉国内生活，所以一直不愿意上学，他最大的弱点就是缺乏安全感，很不自信。

知道这些以后，我又与班上科任老师聊了一下，让他们在课堂上多点小远起来回答问题，多表扬。而在我自己的课堂上，就更加注意这些。我会夸奖他的勇敢，他的认真，他鼓起勇气举手，他按时到校……

不知从什么时候开始，他成为班上最积极、最活跃的孩子，和每个人都处得很好。落日余晖下，他一边喋喋不休，一边牵着爷爷的手蹦蹦跳跳回家了……

教育因悦纳而幸福

文/陈宝姬

　　班上有个孩子叫天天，他很平凡。说他平凡，是因为他既不是班上学习成绩最好的，也不是最差的；既不是最调皮的，也不是最守纪律的；他就是那种掐头去尾，最容易被老师们忽略的那个群体中的一员。

　　关注到他是因为上半年线上教学期间，孩子的爷爷深夜在家长群里发的一条消息——密密麻麻数百字都是对孩子妈妈的种种指责与控诉……当着我们全班同学家长的面，当着全班老师的面，这样一条消息着实让我大吃一惊，于是我分别联系了孩子的妈妈和孩子的爷爷。

　　孩子妈妈是典型"望子成龙"的家长，每天给孩子布置特别多的家庭作业，若孩子不愿意或稍有怠慢，妈妈便会暴跳如雷，对孩子大声吼骂。妈妈的口头禅是"你看看别人家的孩子……"久而久之，孩子与妈妈之间没有亲子关系该有的温馨与和谐。

　　而孩子爷爷对孩子的态度却完全相反，他对孩子极度溺爱，孩子在爷爷家天天看电视、玩平板，不上课、不写作业，想干吗就干吗，不想干吗也可以不干吗，爷爷毫无原则地纵容着孩子。

　　他们家的状态是妈妈管，奶奶护；爸爸责，爷爷宠。孩子夹在这两种极端的教育环境中，且不谈学习成绩，他的心理也会逐渐变得不正常。比如，我发现他毫不在乎老师对他的评价，每次当我表扬他时，在他脸上却看不到同龄孩子该有的兴奋与得意；当我批评他时，他也面不改色、无动于衷。

那段时间，我每天与孩子视频。一开始，孩子见到我非常惊讶，他认为我是他妈妈派过来监督他学习的，不愿意多说一个字。于是，我便支开孩子妈妈，与他单独聊天，有一搭没一搭聊着，决口不提学习，也不过问他的爷爷与妈妈因为他而产生的"过节"……

通过与孩子沟通，我知道了他的爷爷家有一个苗圃，苗圃里种满了各种各样的花草树木，我鼓励他课余时间经常跟爷爷一起下地劳动，去给树苗们施肥、浇水，照顾它们，他挺开心，每天干得不亦乐乎，也愿意主动写作业了，但对于我的表扬，他依然"不露声色"。

暑假过后，他升上了二年级。开学以来，为了继续"改造"他，我每天变着花样地表扬他，拼命从他身上发掘可被表扬的素材——比如，我会从他潦草的书写中努力找出某一个字里某一个笔画，认真地、隆重地当着全班同学的面表扬他："天天同学今天的书写很有进步，尤其是这个'竖弯钩'写得真好看，竖画笔挺，弯钩伸展，钩尖朝上，每一个部位都写得很到位！"经我这么一夸奖，他的妈妈晚上就发来消息："陈老师，天天今天自己要练字，我都没有催他呢！"我每天都会给他类似这样的表扬，而且总是变着花样不重复。我一如既往对他充满热情，他一如既往对我爱理不理。但是没关系，我知道他其实在默默改变着，当我看到他书写越来越工整的作业时，当我看到他给同学发牛奶时细心、贴心地送到同学桌子上，而不是像以前那样直接扔过去时，当我交代给他一些小任务，他每次都用坚定的语气回答我"明白！"并都能非常出色地完成时……我越来越安心。

除了与孩子沟通，在这期间，我也与孩子妈妈和孩子爷爷分别进行了交流。我告诉孩子妈妈，父母和孩子应共同面对问题，而不是父母面对孩子的问题，千万不要把孩子放在自己的对立面。很多家长工作压力大，一听到孩子在学校表现不好的消息，轻则批评指责，重则"男女混合双打"，在这个过程中切断了与孩子的有效沟通。大家心平气和地面对问题，解决问题，那么孩子也能感受到家庭成员之间的友爱，以及对他共同的爱。

冰心说："爱在左，责任在右，走在生命之路的两旁，随时撒种，随时开花，将这一径长途点缀得花香弥漫。"教育的路上，我们就是那个随地播种、随时开花的人，尽管一路有波折、有艰辛，但我们始终坚守，朝夕如斯。教育因悦纳而幸福，让我们一路前行一路歌，轻数岁月，转角处，是柳暗花明、风帆正举的美丽邂逅。

我与谷拾的三个"一"

文/蔡菁

我的"非同1班"

2018年夏天,我加入了"谷拾",这是我执教带班的第8年,这一年我开启了新的带班之旅。假期里宣布了人事安排,我带1班。以前我从来没有带过1班,我十分激动,假期里我就开始构建1班的文化理念及班级风貌。"1"这个数字很好,我的解读是:我们是一家人,我们一起努力,我们团结在一起,我们争取第一名。有了这样的理解,我的班名自然出现了——"谷拾非同1班",谐音"非同一般"。

接着我又开始动脑筋,怎样让我的孩子们和家长们很快接受我的这个带班理念呢?我想应该从班级文化布置开始,利用假期,我买来了很多材料,不是网上现有的材料包,而是我自己去汉正街挑选的马克笔、卡纸等等。然后我开始设计并制作班名,辅助装饰,所有细节全部亲力亲为。我设计了一棵成长树,树上结满了"目标果实",有责任、真诚、善良、守时等等,寄托了我对1班孩子的希望。我设计了一个彩色楼梯,用各种颜色的"手"拼接而成,手掌象征着孩子们,大家需要团结在一起,共同进步,才能拾级而上。

迎新开学时，家长在教室里久久不愿离去，其实学校并没有要求老师在教室开会，可是，那天家长一进教室，就马上端正地坐下，教室安静得出奇，我讲完了开学的要求，家长们也没有离开的意思。后来了解到，家长们每个教室都看过了，觉得自己班的教室最美，一种自豪感油然而生，这才有那久久不愿离开的画面！我和家长们之间的信任就此埋下了。就这样，我和我的"非同1班"的故事在"谷拾"开启了！

一双袜子代表了我的心

轰隆的雷声一下子震碎了寻常的课间，窗外倾盆大雨，我赶紧跑到教室，看看那几个调皮鬼在不在教室。果然，上课铃声响起了，还有三个"宝贝"没有进教室，我担心起来，不一会儿，看到梓涵像落汤鸡一样站在教室门口，浑身都湿透了，看着他的样子，我不用问都知道他做了些什么，来不及批评，我已拨通了梓涵妈妈的电话。梓涵妈妈跟我说的第一句话就是："是不是他又犯什么错了？"听得出妈妈的紧张，由于梓涵是我们班的"小刺头"，和家长紧密联系当然也是家常便饭。我简单讲述了事情的经过。妈妈在上班，可是还是给梓涵送来了干净的衣服和裤子。让梓涵换好后，他不愿意回座位坐下，低着头喃喃地说："我的袜子也湿了，能不能让妈妈再送袜子来？"我大声喊道"妈妈要上班啊！不能老是为你服务。"转身后我又心疼他，如果一直穿着湿袜子会很不舒服。我没有片刻犹豫，跑到学校对面的便利店给梓涵买了一双新袜子。

拿到袜子的那一刻，梓涵笑了，还说这袜子的颜色和蔡老师袜子的颜色一样。看着他利落地穿上，我也笑了。事后捡起包装袋才发现，情急之下，来不及多看，我买的是一双"女士袜子"，虽然是灰色的，但是"女士袜子"几个字分外显眼。我很不好意思……晚上收到了梓涵妈妈的短信：谢谢蔡老师的袜子，梓涵说他很喜欢！

小小的一双袜子竟让孩子理解了老师，润物无声的爱就在这样简单的关怀里流淌！

被一个女孩温暖了两次

远远看见前面一个小小的身影，背着一个大大的包。走起路来有些吃力，身体向一边倾斜。我加快了脚步，走近一看，大包里装的是轮滑鞋，这多重啊！看着小女孩脸上的汗珠滑落，我连忙说："我来帮你拿。"一边说一边拿过了小女孩的大包。女孩看了我一眼，可能看我不是她认识的老师，一下子又把包抢了过去，"不用帮忙。"她坚定地说。我于心不忍，便说："你是轮滑队的同学，要去训练吧？我和你同路，一起走吧！"说罢，便顺手又接过了她的大包。这次，她没有拒绝。才走了几步，她快步跟了上来，小手一下子拉住了大包的另一根带子，说道："我们一起拿。"那一刻，我的心一颤，多么懂事的孩子啊！她想自己的事情尽可能自己做！这个小小的举动胜过了无数的话语，温暖了我许久。

今天在楼梯上，又遇到了那个女孩，她低着头，弯着腰在捡东西。我连忙上去问："怎么了？需要帮忙吗？"小女孩没有抬头，小声地说："我的……不小心掉了。"我没有听清楚到底是什么东西，但是发现楼梯上到处有散落的小石头样的东西。

　　此时上课的铃声响起，"我来帮你捡吧！"我说。她连忙说谢谢。我把捡起的一把小石头交到小女孩手上，她小心翼翼地一颗一颗装进小袋子里，边放边跟我说，这是她的宝石。放最后两颗"宝石"的时候，她只拿走了一颗，说："这颗送给你。""这是我第一次收到宝石礼物哦。"我说。"谢谢！"这声谢谢几乎是我俩不约而同说出口的。

　　在我的眼中，散落在地的是平平无奇的小石头，在小女孩眼中，却是珍贵的宝石。她愿意把自己视若珍宝的东西给我一个，这个举动再次温暖了我！孩子的纯真，是这世间最暖的光！每天和孩子们一起学习一起生活，是作为教育人特有的幸福！

从眼神到心灵的碰撞

文/王金玉

　　"学无止境，教无定法"。教学的形式是多种多样的，在音乐教学中的运用也是丰富多彩的，因此，课堂教学不是一成不变的，不同的学生会创造出不同的成果，而师生交流的途径有很多：动作、语言、眼神乃至心灵。第一次让我感受到心与心的呼应，是在302班的《噢！苏珊娜》那节课上。

　　《噢！苏珊娜》这首歌曲与孩子们熟知的《蜜雪冰城》的主题曲以及二年级时接触的《红伞伞白杆杆》的旋律很像，所以一播放音乐，孩子们就激动起来了，课堂氛围很好，大家都能跟着简单哼唱。但这首歌曲里出现了孩子们第一次接触的弱起小节，为了解决这个难点节奏问题，我设计了两个小活动。第一个活动是用有趣的语言带入歌唱，以便掌握歌曲的基本节奏，我用歌曲的基本节奏边表演，边说唱了一段："当我看见你们的时候，我心里真高兴！如果同学们为我鼓掌，那我会变得更自信！"同学们听到我这样唱，感到非常有趣，纷纷模仿起来，我趁机走到学生身边，让学生模仿这个节奏创编自己想唱的话。三年级的孩子很有表现欲，几乎都很踊跃地发言，这时候，我看见小明也受到班级同学影响，认真地听着其他同学的发言，他的小手好几次想要举起，却又不自信地放下了。这时，我和他的目光又一次对视了，我没有"目光提醒"，而是投给他了一个鼓励的眼神。

接下来第二个活动环节是用动作表现节奏，我没有先做示范，而是让孩子们自己设计，谁设计好了就上来带领大家做。教室里又一次热闹起来，大家一边说着节奏，一边设计着动作，纷纷举手，想上来表演。几个孩子表演完了以后，我再一次发现了小明矛盾的眼神，我知道他在想什么，这一次，我微笑着点了点头说："小明，你来试一试。"他胆怯地站到了中间，用稍显笨拙的动作进行了表演。看见他的努力和变化，我心里特别高兴，马上对同学们说："小明很少到前面来表演，我都没有想到他做得这么好，我们大家给他一点掌声，希望同学们向小明学习噢！"他的眼睛感激地望着我，小脸红扑扑的，满是兴奋的表情。让我记忆最深刻的就是他的眼神，让我感到，当一名教师是多么美好啊，你的一个眼神、一个关注，在孩子的眼中，是多么重要！我第一次发现我和学生的心挨得这么近。

下课后我一直在反思这件事，好像自己以前跟学生交流得很少！每一节课虽然都认真准备，但是，对学生内心的需求却了解不多。这令我想起一次聆听林格教授的讲座，他说："一个老师用心灵来感应学生，比用其他方法来管理更有效。"老师的一个眼神，也许能改变孩子一生！如果我没有关注到每个孩子的眼神，没有在他们迷茫、胆怯的时候给予肯定的目光，我就不能和孩子们走得更近！我想此刻我领悟到了这个道理。

这一节课我和孩子们"玩"得特别欢快，想起刚开始上课的时候，这些孩子大部分都很胆怯，让他们自我介绍大多是扭扭捏捏的，还很害怕，很没有自信。为了增强大家的自信心，我把乐器、舞蹈、音乐表演等多种活动运用到教学当中，确实取得了很不错的效果。看见他们沉浸在音乐中，沉浸在课堂中，眼睛里散发着逐渐自信的光芒，我真的很欣慰。

教育，是心灵的感应；音乐，则更需要心灵的共鸣。我会继续关注每一个孩子，与他们进行从眼神到心灵的碰撞！希望能与学生贴近距离，做交心教育。

做一束光 照亮远方

文/刘少敏

我是光谷十小的一名普通老师，爱孩子、爱交友，也爱我自己。我叫刘少敏，人如其名，平淡无奇。我是谁不重要，可我的"心上人"很重要，所以，今天我要先把她的故事讲给你听。

我把"她"讲给你听

她是谁呢？她四肢不协调，有着严重的语言障碍和行动障碍，由于无法正常融入班集体，班上孩子没有见过她，她也很少来学校，但她不是一个"隐形人"，我和班上每一位孩子都记得她的名字：刘瑾萱。这个拥有美丽名字的女孩是个脑瘫儿童，初见她时，我很震惊。她目光呆滞，嘴角流着口水，还不时发出怪声。她的情况比我想象的更严重，我不禁怀疑：她还有来上学的必要吗？

张艺谋导演的电影《一个都不能少》里，魏敏芝是我的偶像，受她的影响，我选择了教师这个职业，是呀！我的孩子也一个都不能少，每一个都重要。爱一个聪明的孩子太容易了，爱一个特殊的孩子才是对老师最大的挑战。我愿意尽力去试试！

我常和孩子妈妈联系，了解孩子的近况，还会与她的帮扶机构的老师沟通，了解更多帮助脑瘫儿童的科学方法。更多的时候，班上的孩子对瑾萱充满好奇，我会跟他们聊聊我了解的瑾萱，鼓励他们用自己的方式去表达对瑾萱的关心。每学期我都会去瑾萱家里家访。今年开学初去看她，虽然她依旧手脚乱动，无法正常交流、行动，但从她的兴奋中，我感受到了她的欢喜。当我一页一页给她介绍班上孩子送她的绘画和留言条时，她更是兴奋得大叫。在电子设备的帮助下，她竟然能说"老师，谢谢，我喜欢"，虽然依然是口齿不清的表达，但那一刻，我就像是一位见证自己女儿成长的母亲一样喜悦、感动。我很庆幸我没有放弃，我相信并期待早日在"谷拾"校园与她相见。

我把班上每一个孩子放在心上，家长也就把我放在心上，所以现在我要把家长朋友的故事讲给你听。

我把家长讲给你听

生活像镜子，你笑，它就笑；你哭，它也哭。教育也是同样的道理，你如何对待班上的孩子，家长都会将相应的情感反馈回来。你付之以真诚和关爱，家长也会回之以认可和尊重。

开学初，我生了一场病，做了一个小手术，休养了一周，班上家长知道消息那天，我的手机铃声就没有停歇过。平时喜静的我，却觉得这铃声格外悦耳。

家长们不是问："刘老师，身体怎么了？"就是说："刘老师，听说你住院了，在哪个医院，我们想来看看你。"还有孩子发来语音说："刘老师，你是不是被我们气病的？等你回来，我们再也不气你啦！"

被孩子放在心里，被家长牵挂着，我觉得真幸福！学生爱，家长爱，我想我也是个有分量的人了，所以现在我要把我自己讲给你听。

我把我自己讲给你听

从2013年毕业至今，我始终扎根教学一线，年年都是班主任。我很庆幸自己选择了教师这个职业，能拥有自己的一方天地，拥有一群喜欢的小朋友和大朋友。

骨干教师刘老师常说，和学生相处就像谈恋爱，你爱孩子，孩子也会好好爱你。对此我深信不疑，真诚热爱、勤思探索，我一直在努力。

我对班上孩子的管理，从最初的七有红花榜，升级成了现在风靡全校的智慧校园。班上孩子获得奖励的机会很多，也许是一次写话展示，也可能是一个月没干"坏事"，甚至是一次听写全对……各种花式奖励不断，从零食、玩具到书籍、绿植，应有尽有。这学期我们班新增了自制奶茶、周末电影约会、陪泡一天书吧的奖励形式，受到极力追捧。

除了奖励，班上每个孩子的优缺点，我都如数家珍。最近谁进步了，得跟家长报喜；谁虽然学习不理想但很热心，喜欢帮助班级打扫卫生，得表扬鼓励；谁绘画天赋强，要鼓励多参加美术比赛……我用心对待他们，他们努力上进，温暖阳光，我的班集体也多次荣获校"七有班级"荣誉称号，我喜欢这样的师生双向奔赴。

这样的我，在"谷拾"，不是一个人，而是一群人，只是我把这些故事讲给了你听。温暖孩子，家校携手，绽放自我，我愿做一束光，永远走在教育探索的路上，照亮孩子无尽的远方！

深入心灵　家校合育

文/岳新银

"老师，郑同学的彩笔又掉在地上了。"一位小女生飞快地跑到我面前，慌慌张张地告状。我远远看去，郑同学正蹲在地上一根一根地捡画笔。旁边的航航也来凑热闹，在旁边捧腹大笑。类似的画面已经不是第一次出现，他俩的出场方式总是这样引人注目。我感觉他们两个学生尤其"聪明"，总是想借着这样好玩的事那样有趣的动作一唱一和互动，"拖延"课堂画画的时间。这一切让我烦不胜烦，同学们也怨声载道。

爱玩是孩子的天性。近日，偶然读到一篇名为《释放孩子的天性》的文章，文章内容触碰到了我的内心。关于到底要不要释放孩子的天性，我查阅了一些资料，发现大概分为两种观点，一方主张释放孩子的天性，孩子想干什么就让他们干什么，这一教育模式受到了一些人的追捧，认为过多的规矩会束缚孩子的天性。另一方则主张应教育孩子守规矩。而我认为，释放天性应该是给孩子自由，而这个自由不是限制，更不是纵容。一味放纵孩子的行为不叫"释放天性"，要分辨各种天性是否对他们有利，再决定是否释放。法国作家蒙田说过："真正的自由在所有时候都能控制自己。"现在也经常有人说："自律，才是最大的自由。"在课堂上玩耍，违反了课堂的规则，对这类行为应加以引导。于是，我尝试着先培养郑同学的规则意识，激发他的美术学习兴趣。

兴趣是最好的老师。但实际上兴趣只是一颗种子，行动才是果实。如何让他行动起来呢？之前尝试的多种方法在他身上都只有短暂的"药效"。爱学生就要去了解学生。下课他跑得比铃声还快，"嗖"的一下就看不到人了。之后我向班主任了解，原来郑同学的爸妈在学校附近买了一套学区房，希望孩子上好的学校，有更好的发展，却因为忙于生意，很少陪伴他。我的心一阵疼，他的家长忽视了他的需求。

第二课时，郑同学又坐在地上扭着身子不知道在干什么。我慢慢走近他："彩笔带了没有？"他看着我，假装在抽屉里找了半天仍然没找到。我指了指书包，他立马在书包里找到了彩笔，很夸张地将彩笔放在桌面上。紧接着，我用问答的方式把这节课的内容与他做了简单的交流，让他明确了本节课的任务。他坐在第一排，座位和桌子离得很远，趴在桌上时整个背像一个"滑滑梯"。我小声表扬他坐姿帅气，学生听到表扬他十分好奇，纷纷看向他。这时，他轻轻地往前拉动座椅，坐得笔直笔直的，我又大声强调大家要向他学习。我在他身边停留了一段时间，发现他绘画的闪光点，比如涂色均匀。像他这样坐不住的孩子能把线条排得整齐有序，真是需要足够的耐心，可见他是真的沉浸其中，乐在其中。我的初衷就是让孩子喜欢美术课，喜欢自己。在教学中，有的孩子顽皮，我会时刻告诉自己：不要放弃任何一个孩子，因为一个孩子就是一个家庭的希望。作为教师，我们要用心铸就心灵。

一天下午，郑同学的妈妈发来了他的一幅作品，并给我留言说现在郑同学特别喜欢画画。通过与家长线上线下聊天，家长理解了孩子的行为，有针对性地对其进行引导，多多陪伴，多多参与孩子的学习生活。关注与陪伴，能让孩子建立自信，帮助孩子建立情感链接。随着教育理念的不断更新，孩子的成长离不开学校，更离不开家庭，只有家长和老师同心协力，才能给孩子更好的教育。

我和我的手风琴

文/沈子琦

"我和我的祖国，一刻也不能分割，无论我走到哪里，都流出一首赞歌……"2019年是新中国成立70周年，这首《我和我的祖国》又一次红遍了大江南北。在首都机场，在宽窄巷子，在长江边，熟悉的旋律吸引着每一个中国人，大家不约而同，或齐声高歌，或共舞，或挥动双臂，一定有那么一刻，《我和我的祖国》拨动着人们的心弦。

这学期，巴扬手风琴乐团的孩子们也尝试着演奏这首歌曲。也许是经典作品的魅力，七八岁的孩子第一次听到这首歌曲便产生了浓厚的兴趣，短短一个月的时间，大家就能够独自完整地弹奏了。在接下来的手风琴课里，我引导他们不断地熟悉旋律、熟悉双手配合，一遍、两遍、三遍……弹奏流程已经熟烂于心，却总觉得还差了点儿什么，总觉得孩子们学会了，又好像没有学会。

有一次课上，我问道："大家知道歌曲都唱着什么吗？"孩子们迷茫的小眼睛左看看右看看，试图寻找答案，可都说不出来。临近下课，我试着调整他们的状态，从央视网上找来歌曲的MV，和孩子们一起欣赏学习。当我看到中国三军仪仗队在天安门前整齐的队伍，看到中国C919飞机研发团队脸上自信的笑容，看到中国女排胸前竖起的大拇指，看到每一个海外华人手中紧握着的五星红旗迎风飘扬，激动的泪水溢满了我的眼眶……坐在前面的孩子们抱着小小的手风琴也一动不动，直到画面停止，我才走向前去，我发现一个个的小鼻子红红的，有的睫毛上还挂着小泪珠，有的愣住久久没有反应过来，我想他们心中一定和我有一样的想法："厉害了我的国！我是中国人，我骄傲，我自豪。"那一刻我也明白了，那种发自内心的情感震撼才能引发感动与共鸣，原来孩子们缺少的是对歌曲情感上的共鸣，缺少了情感色彩，弹奏的歌曲也便平淡无奇。

有了心灵上的触动，孩子们似乎慢慢地理解了这首曲子，但是要通过演奏来表达内心的情感对他们来说又成了难题，这群孩子加入乐团仅仅学习了一年，手风琴的演奏技巧并非人人都掌握得很好，难题解决没有捷径，唯有苦练。每天中午除了一个一个抽查过关，大部分的时候孩子们是齐奏合排。有一次上课，小涵同学满脸疲惫，眼皮都在"打架"，我走到他面前打了个响指，他回过神来，赶紧做好弹琴的姿势。看着他呆滞的眼神，我很心疼，但作为老师，我不希望队里任何一个孩子掉队，在他们最累的时候，我不断调整自己的情绪与心态，耐心地陪伴大家："我们再来一遍吧，你们可以做得更好"，"大家放轻松，感受歌曲"，"这一小节的风箱推动还可以更强一些"……一首曲子，一学期，就是这样反反复复地磨合，我和孩子们最终站上了光谷的大舞台。区"六一"儿童节表演，这支代表"谷拾"的手风琴乐团的演奏，赢得了台下所有观众的掌声。"我亲爱的祖国，你是大海永不干涸，永远给我碧浪清波，心中的歌"，手风琴明亮悠扬的声音，又一次拨动了人们的心弦。

我和我的手风琴，孩子们用汗水和努力向大家证明了他们的爱国之情，我和我的祖国，孩子们用音乐传递着中华民族生生不息的力量。

我和小涵的"秘密谈话"

文/顾恒瑞

行走在光谷十小的校园里，目之所及都氤氲着"谷拾"文化气息。每天上楼时都能看到楼梯拐角处张贴的那一句小诗"在自己的季节绽放"。一开始我对这句小诗并没有多少自己的理解，但接触的孩子多了，我也开始在教学之余思考，孩子们也是一个个鲜活的生命，有各自的想法，教育他们之前应该先与他们交心，这样孩子才会喜欢老师，才会听老师的。

这不禁让我想起了我教过的一个男生——小涵。刚认识他时，我只知道他来自单亲家庭，课堂的学习习惯不尽如人意。一段时间后，我对这个小男生了解更多了。他戴着一副眼镜，看着怯生生的，上课时常常神游天外，有时还会忘乎所以，扭过身去和后面的孩子说笑。一下课，他又到处乱跑，有一次甚至拿着直尺和另外几个男生在教室里边飞速奔跑边进行"飞机大战"。在他不能好好完成练习，或是上课不认真听讲，抑或是下课追跑打闹时，我也呵斥过他，但收效甚微，甚至还会让他与我的距离越来越远，有些害怕我。有时上课我与他眼神交汇，他会躲躲闪闪地避开我的注视。我思考良久，考虑到这孩子一直缺少母爱，内心应该非常渴望关注和表扬，决定改变我的策略。

在他犯了小毛病的一堂课后，我请他到我的身边来，不让别的小朋友听见我们的交谈，然后我和他进行了一场只属于我们的"秘密谈话"。我对他说："小涵，老师知道你其实是一个很想好好表现的小男生，但是你的身上暂时还有些小毛病，不如这样，你每天想想怎么改正自己的一个小毛病，也不要多，一天改正一个，这样老师每天都能找到一个小小的闪光点在全班同学面前表扬你，你说好不好？久而久之，同学们都会觉得你真的是一个爱进步的好孩子！"他的眼睛里闪出了光："好！"同时，我还在课上制定了小组长制度，让同学们轮流领做热身操，每次轮到他当小组长时，我总是对他多关注几分。

从这天以后，虽然他有时还是会因为自觉性不够而犯一些小错误，但是我真的看到了他一点一滴的进步。上课时当我的眼神扫过他，他会笔直地站好，殷切地等待着我的表扬，听到我的表扬后，他会露出天真的笑容。在下课他调皮或是追逐打闹时，看到我关切而严厉的眼神，就会停下来，并提醒一下一起玩的孩子。我们之间有很多这样的小事，慢慢地，他不再害怕老师，看到我也会主动地凑上来喊一句"顾老师"，我看到他在慢慢地"雏鹰展翅"，慢慢地在属于自己的赛道上"加速度"。

每个孩子都是一张白纸，他会发展成什么样子，要看你在他身上泼下的是什么样的"彩"与"墨"。而爱就是最好的"彩"与"墨"，爱可以让孩子变得自信，变得快乐，变得勇敢。孩子是最纯真的，没有一个孩子不渴望进步，他们可以通过老师的眼睛看出老师是不是真的关心爱护他们。我们要相信，只有从心里生发出来的爱，才能促进儿童"精神种子"的生长发育，唤醒孩子们"在自己的季节绽放"。

童心如花开　芬芳萦心怀

文/吴芬

成长在"谷拾"，与儿童相伴，我的每一天都在初生的童心世界感受生命拔节的力量，轻嗅初生的童心如花绽放的芬芳。

想分享两个小故事。

我的月亮被咬缺啦

有一次，王校长在学校的节气课上教小朋友用奥利奥做月相图。小朋友们可兴奋啦！第二天一上学，一个个抢着把作品交给我，还给我科普奥利奥月相图知识。这时班上的李姝彤非常焦虑地围着我绕圈，把手上的袋子攥得紧紧的，等别人都散了，她才把自己的月相图掏出来，边掏边跺脚："老师，怎么办怎么办，我的月亮被李卓言咬缺了……"小姑娘说着眼泪都快掉下来了。我把李卓言喊来问他："你怎么把同桌的作业弄坏了呀？"他捏着小拳头扭来扭去，半天才不好意思地说："她的月亮是粉红色草莓味儿的，我的是奶油味儿的，看着就好想吃，我只想舔一下的，可是我也不知道怎么啦，一咬——缺——掉了！"我看着他俩，再看看咬缺了的月相图作业，真是绷不住想笑啊！

孩子的作品在我们眼里是一幅月相图，可是，在他们眼中，却是不折不扣的美食呀，他们调皮，又满是童真，小小的童心里满是爱与善的种子。

撕掉了也没关系

班上有个小男孩刘子墨，特别喜欢玩具汽车。语文课上，他组的词是"汽车、火车、公交车"，造的句子是："我一回家，就看到妈妈给我买的新玩具车。"或者"要是有一辆特警车，那该有多好啊！"他的美术作品也总是和汽车有关。有一天，刘子墨把画着长了翅膀的汽车作品送给他的好朋友，可是，不一会儿，他的好朋友就跑过来，哭着告诉我，这神气的车被同学们抢着观看撕坏了。小家伙委屈又心疼，围观的同学都低着头，我在这尴尬的气氛中充当着尴尬的法官，谁有错？斥责大家？他们已经用低头沉默来认错了。还没等我酝酿出一个绝佳的法子，汽车爱好者刘子墨走过来说："老师，没关系啊，撕了可以变汽车拼图啊！我们来玩拼图吧！"这下，哭的也不哭了，不吭声的小家伙们也笑起来了。重新回到热闹的教室里，我被冷落在讲台边，孩子啊，真是一个奇妙的存在。

这些奇妙的存在却每天出现在我身边，像春天的花朵一样开得那么自然。孩子们爱找我聊天，经常和我分享一些好笑的故事，可是，所谓好笑的故事，他们自己笑得前仰后合，周围的同学也哈哈哈笑个不停，而对我来说，这笑点，真是个谜。渐渐地，我发现他们就是喜欢简单无厘头的故事，可能对他们来说，任何一个简单的故事在他们的小脑瓜里都长出了另外的样子，那一定是好玩的好笑的样子。

在童心如花绽放的校园，我经常觉得置身于另一片天地，跟着孩子们用初心打量这个世界。我常常想起林徽因的诗《你是人间的四月天》

我说 你是人间的四月天；

笑响点亮了四面风；

轻灵在春的光艳中交舞着变。

……

你是一树一树的花开，

是燕在梁间呢喃，

——你是爱，是暖，是希望，

你是人间的四月天！

在绚烂的童心世界里，我捧着一本本无字书，阅读着属于生命的美好，守望着一树一树的花开，幸福的芬芳就这样萦绕心怀……

鼓励的力量

文/杨丹璐

在成为一名音乐教师以前，许多人常在我耳边这么说："音乐老师那叫一个轻松，每天唱唱歌，听听歌，既不用担心考试压力，也不需要改作业，舒舒服服的，一天就过去了。"说实话，学生时期的我，也曾产生过这样的误解。如今才发现，曾经的自己小看了教师行业所要面对的挑战。要把音乐课上好，真不容易。

常言道：学生是老师的一面镜子，有什么样的老师就有什么样的学生。作为老师，首先要重视自己的课堂教学，要自尊自爱，对待任何一节课都要一丝不苟，认真负责，使学生无形中受到感染和影响。

我最熟悉的年级是二年级，二年级的学生已能"聆听、分析、思考"音乐，大致能从音的高低、长短、速度，以及音量和旋律的起伏等方面去听去想。这一时期，很多学生还不具备音乐术语概念，和学生的交流，要避免过多使用音乐术语，要善于将音乐术语转化成学生能听懂的语言，多以轻松快乐的游戏来让他们吸收知识，同时多鼓励学生表现自己。

在我的教学过程中，遇到了很多有趣的事情，每次遇到问题，我都会认真地思考，想出解决的对策，进而不断总结提高，使自己的教学水平得到提升。

记得我给学生上第一堂音乐课，学习的内容是：认识七个唱名。我问学生们，你们有没有哪位已经认识了呢？孩子把眼睛瞪得大大的望着我。其中一个胆子特别大的孩子对我说："老师，那不就是我们数学学的1、2、3、4、5、6、7嘛！"听到这话，我忍不住笑了，更换一种游戏的方式让他们来认识七个唱名。

首先，我带着学生以找朋友的游戏认识了"do、re、mi、fa、sol、la、si"的七个唱名。然后，又带他们模仿我做手势。我发现他们在跟着我做手势时，兴趣不是很高。我想：为什么不能让他们自己来为音乐王国里的七个小孩子编上动作，让他们自己来熟悉音的高低呢？当我把这个想法说出来，有好几个学生举手说："老师，能让我来试一试吗？"还有几个学生甚至离开座位来扯着我的衣角，要我叫他表演。于是，我请一个学生做"do、do、do"的动作，这时，我发现有很多学生都举起了手，跟着他表演，紧接着请第二名学生做"re、re、re"，手势比第一位学生抬手位置稍高，我用钢琴给出音高，让学生跟着唱，孩子们掌握得很快。我又叫了好几个学生为mi、fa、sol、la、si这几个音设计手势动作，最后让七名学生站成一线，手势呈上行台阶梯状，并依次唱出音高。孩子们编的动作再加上我及时的引导，他们很快就掌握了这些音高位置。

音乐课课堂上，老师的夸奖与鼓励非常重要。在课堂上，我遇到过这样一件事，有一位女生胆子很小，可是上音乐课却特别认真。有一次课，我让她回答我刚讲过的一个问题，她回答得很好，可是声音却很小，我给她肯定的同时，让她大声再说一遍，她回答完之后就听到全班热烈的掌声。我很纳闷，认为学生反应有点过度，了解之后才知道，这位学生在其他课课堂上从来不敢回答问题。后来，那位学生居然有勇气代表他们班去表演节目。这之后，我总是给一些胆子小的学生更多的鼓励，让他们参与到音乐课堂中来。在实际工作中，我发现，同样的班级，如果鼓励赞扬的话语适当多一些，学生的情绪便会异常高涨，他们与老师的配合也会更加默契。

这就是我在音乐教学中的一些小故事，事情虽小，但也慢慢完善着我对音乐教育的理解。

比肩前行，成长不歇

文/李万丹

2020年　初相识：慢慢了解

一年级，开学第一个月的一次午写，调皮的小轩迟迟没有进教室。

午写快要结束时，小轩终于被找回来了。他自顾自站着，一双肆意玩过水彩笔的双手红蓝相间，用在地上爬过的灰不溜秋的指尖扣着鼻孔，时不时斜我一眼，安静的外表下藏着一丝洋洋得意的劲儿。

拿起手机，才发觉小轩做的"大事"，在操场上将沙子倒进洗手池里，再用水冲下去，玩得正起劲儿，被行政领导碰上，"荣获"了珍贵照片一张。我盯着照片，只觉心绪堵塞，呼吸不畅。我愤怒地拿起手机，查找小轩妈妈的电话，希望争取到小轩妈妈的配合教育。他则小心翼翼地站在一旁，一动不动，只是怯生生地看着我，紧张而又疏离。

疏离！这个眼神一下子刺痛了我的心。是呀，在他眼中，现在的我就是一位 "爱告状"的老师。小轩叛逆意识已起，自尊心强，开学一个月了，没有一节课是能够坐下来好好听讲的，桌面、抽屉、地面、书包没一处干净的,垃圾散落一地。这个情况,小轩的父母也知道,而且他爸爸脾气暴躁,乍接到这个电话,小轩回去免不了一顿数落和体罚,这不是小轩想面对的,也不是我想看到的。

心情逐渐平静,仔细斟酌后,我一改之前抓住错误大做文章的处理方式,借着之前的余怒,掩面拟悲泣之态。"我当然知道批评你,你会讨厌我,可是,你无视铃声不去午写,属于逃课,用沙子堵塞下水道,属于破坏公共设施,严重违反了班规校规。在我见过的这么多的学生中,你是最聪敏、最特别的一个,老师这么喜欢你,还偷偷给你送了小汽车玩具,你真的不清楚破坏规则的后果吗?"见我这次居然没有气急败坏地批评他,小轩先是感到诧异,后又不好意思,在我的期待中,他扭扭捏捏地向我道歉,承认错误。难得难得,犟嘴的小轩第一次主动承认错误,教育取得重大突破,我的心情也随之豁然开朗。

接下来的几天,小轩一改往日的嚣张,我也一改往日的严格,师生关系逐渐平缓。我心平气和地慢慢挖掘小轩身上的亮点,小轩也一步一步尝试理解我的用心。

泰戈尔说,"不是槌的打击,乃是水的载歌载舞,使鹅卵石臻于完美。"我理解的教育,是春风化雨,充满爱意。

2021年 渐相知,彼此信任

二年级,孩子们慢慢大了一些。不过,调皮的小轩又捣乱了,在厕所玩水被抓了个正着,有照片为证,与一年级时如出一辙。

我在教室找到他,他惴惴不安地看着我,见我一直没说话,终于忍不住，率先开口向我道歉。基于一年级的经验，我按捺住愤怒的心情，准备好好做个"文章"。

几天后，我找来小轩："上次你在学校犯了错，妈妈有没有批评你呀？"小轩摇了摇头。

"知道为什么吗？因为这件事情我替你隐瞒了，你的爸爸妈妈并不知情。但是我昨天受批评了，你们犯了错，老师会批评你们，老师犯了错，校长也会批评我。"

小轩立马来了精神，"老师你犯了什么错呀？"

我故作沉痛，一番抽噎，断断续续地说："校长说老师没有教你们文明如厕，没有教你们在厕所不要玩水……"

"老师你教了，你跟我们说过……"小轩立马大声地过来安慰我，说着说着，又停下来，似乎想到了什么，逐渐安静下来。我趁机出示照片给他看，继续扮作哭腔："你看，铁证如山，老师如何抵赖。"

看到照片，小轩的脸"倏"地红起来，效果初成。我一阵窃喜，趁势进攻，佯装义气地说："虽然老师很委屈，但是，我一直把你当好朋友，我不会告诉你爸妈的，放心吧。"听我这样说，小轩既惊喜又不安，羞愧之心更甚。

我正色道："你如果没做这件事，但老师偏说你做了，被冤枉是什么感觉？老师受一次委屈没什么，就怕一直受委屈……"小轩很能体会这种感觉，随即向我保证，从此以后再也不做这样的事了。我顺势与他达成契约，我不把这件事告诉他的爸爸妈妈，他以后也乖乖听话，不让我为难。

第二天，第三天，第四天，效果不错，每当小轩有违秩序，我用眼神示意，他也能"心领神会"，有所收敛。

陶行知说："真教育是师生间心心相印的活动，唯独从心里发出来，才能达到心的深处。"我理解的教育，是以心换心，才会具备明察秋毫的教育敏感和化险为夷的教育智慧。

2022年　再相守，携手同行

晴朗而不闷燥的日子，秋天真美好！更美好的是，我发现三年级的小轩比以前进步了许多。一是居然开始举手回答问题了，二是鲜有"惊天动地"的捣蛋事迹了，三是居然开始热心帮助同学了。

前两天，在和小轩妈妈的聊天中我了解到：孩子不太喜欢与班上随班就读的特殊同学小辰同桌，小辰先天发育迟缓，时常有一些不合时宜的举动（比如：突然大小便弄脏裤子，未经允许动了小轩的铅笔，书本经常散落在地，课堂上突然凑过来趴在小轩的桌子上……）。妈妈了解事情之后，并没有立即给我打电话要求更换同桌，而是深入浅出地讲了一通"彼此包容、共同成长"的道理。

"我们2班是一个团结友爱的集体，要像兄弟姐妹一样地学习生活在一起。平常要看见同学的长处，多互相帮助，少互相抱怨。这样，我们的班级会越来越好，每一个人也会进步得越来越快。小辰有不足的地方，还在不断成长，正和你们一样。我们要给予包容，提供力所能及的帮助。小轩同学，小辰进步了，奖励他的时候，老师也会奖励你咧！"

发现优点，我不遗余力地在班上表扬，一心想把这种"美好状态"巩固下来。

"你的努力，老师看见了，老师很高兴。前后左右那些个还喜欢课间疯疯跑跑制造小摩擦的人，都应当向你学习。"我转脸："哼，你们几个，光知道傻笑，都听见了吗？你们要向小轩学习！"笑容可掬的我换了副腔调，朝几个目露艳羡的家伙调侃。

几个人吐一吐舌头，小轩则不好意思地笑了。

"小轩同学，你要继续帮助小辰哦。"

"嗯！"孩子没头没脑地欢呼，跟兑了"终极大奖"一样开心。

其他同学听了，同桌之间你看我，我看你，仿佛是嫌对方不够"弱"，恨自己没有施展帮助之能的对象和空间。随之而来的语文课，从头到尾，小轩一直仰着头，专心致志听我讲课，眼里放出喜悦的光——这是之前没有的。

他不知道，对于我，这是多么大的鼓励。

冰心说，"爱在左，情在右，走在生命的两旁，随时撒种，随时开花。"我理解的教育，是和学生比肩前行，步履不停，成长不歇。

赴教育之约　燃青春之光

文/杨千子

　　2017年，我教育硕士毕业，读书二十余载，也曾梦想仗剑走天涯，可"使命"让我选择了留在家乡武汉。武汉名校林立，我该去哪儿呢？几乎没有任何犹豫，我选择了光谷，选择了光谷的一所新校。在这儿，我开始燃起我的教育梦……

春风化雨，让青春散发教育荧光

　　刚入职的我，就像十多年前的光谷，没有止步不前的恐惧，怀着一份敬畏之心，根据少年儿童的特点循循善诱、春风化雨，努力做到每一堂课不仅传播知识，而且培养美德，努力将自己所学的理论知识转化为实践能力。

　　当孩子来到陌生的环境哭闹不止，我尝试运用马斯洛的需要层次理论，借助一个甜甜的微笑、一个温暖的拥抱、一个精心设置的小职务，满足其安全需求、社交需求。当孩子安全、归属与爱的需要得到满足时，我惊奇地发现他们的求知欲也增强了；当班里的"小刺头"将上课坐的板凳当作滑滑梯，从上面滑到下面时，我想起《道德经》里在儒家之外提供的一种处事态度——以柔克刚。人到老年,坚硬的牙齿掉了,而柔软的舌头还在；狂风吹来，坚硬的大树被连根拔起，而柔软的小草随风起舞。这说明柔软的东西生命力更强。于是我尝试花式地鼓励，循循善诱，对他们每一点进步都及时给予正强化，用皮格玛利翁效应中积极的期望陪伴孩子成长；当孩子良好的用餐习惯与卫生习惯尚未养成，导致抽屉飞出虫子时，我召开了一场特别的班会——"虫子成长记"，让孩子们在生动有趣的课堂中反思行为习惯的重要性……

慢慢地，我发现我在输出"教育智慧"的时候，都会仔细掂量学生的感受，观察并反思一下学生的"变化"。这不正是市场经济中的"用户思维"吗？原来我已经不自觉地将"用户思维"创造性地运用在教育管理中了，这不正是光谷教育人该有的品质吗？我们每一个新入职的教师都要努力地将理论知识创造性地转化为实践能力……

积聚光芒，让青春绽放教学荣光

新入职的我们就像一棵小树，扎根在泥土里，却总会忍不住朝着明亮的地方突破和生长。所幸的是，光谷教育为我们铺设了厚实的专业发展土壤，提供了充足的养料。

我不断地跟着团队磨炼技艺，曾在区一年级教材教法活动中展示说课，在区语文拼音教学研训活动中执教研讨课，在区新优质学校活动中执教现场融合课，在区阅读教学主题研讨活动中执教观摩课，并获得湖北省基础教育精品课一等奖等等。每一次磨课，仿佛都是在激荡风雨，磨砺意志，但所幸的是，有区教研员的指导，学校校长和骨干老师的帮助，他们精心打磨教学设计，甚至在教学仪态上现身说法，只为了让我们以更优美的姿势腾飞。我深深地感受到，一个人可以走得很快，一群人才能走得更远，个人的专业化发展，离不开整个团队的力量。

光谷教育因光而生，这一束光照进我们心灵，我们积聚团队光芒，追光而行，课堂更加璀璨……

砥砺奋进，让青春闪耀科研高光

2021年9月，我参与到学校行政管理工作中，担任学校教师发展部副主任，主管科研工作。从那一刻起，我便将"让科研之根深扎'谷拾'校园，促进学校内涵发展"作为部门的目标。

这一年来，我在抓好课题常规管理工作的同时，积极做好课题的申报和结题工作。仅2022年，1项省级重点课题和5项个人课题圆满结题；2项课题立项为市、区规划办重点课题；6项课题立项为武汉市教育学会课题；8项课题立项区级个人课题。同时，学校还申报了1项国家级课题、1项省级课题、2项市级课题。在这些课题工作中，我参与过开题报告、结题报告的撰写，文献集的制作，研究成果的整理，资料的报送等等。同时，为了提升自己潜心思考的能力，这一年我努力撰写了6篇教学论文，2篇德育论文，均在省市区获奖，个人课题在区级完成开题论证。

科研兴，则教师兴；教师兴，则学校兴；学校兴，则教育兴。我愿尽绵薄之力，为学校的科研发展贡献自己的一份力量，也相信如果每一个教育人都一点一点地散发科研之光，终将汇聚成教育之光。

我们就像朝阳一样，在光谷这块土地上满腔热血，拼搏赶超，让人生光彩夺目。是呀！选择了光谷，便选择了奋斗；选择了新校，更是选择了拼搏！我成为光谷教育人已迈入第五个年头，作为党员教师的我已在这里成家立业，勤奋兴业，我们的成长之路或许是这个城市里最有温度的缩影……

"小王子"转型记

文/赵珊榕

9月初来，想着一开始一定要严肃一点，才能维护好班级纪律。奈何"天不遂人愿"，家长给我的反馈都是"孩子说赵老师很温柔"。嗯……或许还需要练练表情管理吧！午托时心里琢磨着这事儿，突然听见教室后排一阵窸窸窣窣的声音。目光迅速捕捉到最后一排，原来是"忧郁小王子"和同桌正在桌肚里玩手指游戏，动作十分隐蔽，可还是被我听见了声音。

悄悄走到他们身后，戳一戳，一个小男孩回头时，脸上的表情肉眼可见地发生了变化。我让他俩拿着语文书，走到教室门口，一脸严肃地谈起话来。一番协商，他们接受了"被抓包"需要付出的代价——背课文。正好当天学了一篇课文，虽然课后没要求背诵，但是写得十分精彩，于是便要求他们背会了才能休息。小朋友脑子灵活，记东西也快，不一会儿就背会了，这件事也就过去了。

下午上课回顾前文时，问大家有谁会背课文最精彩的一段，只见"小王子"和同桌对视一眼，开心地笑了，眼睛亮亮地看着我。此时，班上还没几个孩子会背，他们举着手，背挺得直直的，姿势里更透出一种骄傲，不知道他们心里会不会想到"因祸得福"这个成语。

晚上放学，接孙子的"小王子"爷爷问起孩子在学校的表现，看着"小王子"满脸写着担忧的表情，我挑他背书这件事狠狠地夸奖了一番，绝口不提午托"小插曲"。"小王子"明显松了一口气，和爷爷开心地回家了。

后面的几天，我慢慢发现，"小王子"上课不怎么"忧郁"了。经常和同桌比赛举手，回答问题特别积极；发现问题抢着和我说，要是没抢到还有点惋惜的样子；以前课间看见我眼神总是怯怯的，现在看见我也能主动笑着打招呼了，看见这个转变，我心中暗暗开心。

后来，"小王子"在学校的"艺术小人才"比赛中拿到了特等奖，"忧郁小王子"转身变成"钢琴小王子"。课间休息的时候，我夸奖了他一句，他开心地点点头。晚上回家，手机里收到"小王子"爷爷的消息，说孩子放学后会积极主动地写作业，很听话，还会和家人讲学校发生的趣事，家里人很欣慰。看到这条消息，我开心了一个晚上，第二天处理别的事情时，看见这个对话框，心情又会回到那开心的瞬间。

我很庆幸自己在午托时不是简单提醒一句了事，在和"小王子"爷爷反馈时选择了表扬，在课间给了他一句简单的鼓励。也许是会背那篇课文给了"小王子"成就感，也许是本以为的批评却变成惊喜的表扬，也许是发现自己的小细节原来会被老师关注，所以他慢慢地成功"转型"。其实学生的"转型"就是我如何对待他们的映射，他们在用自己的一举一动告诉我，老师，我感受到你的关心了。或者是，老师，我有在进步呢！原来，那些所谓的"严厉"只是表面现象，一味地严厉并不一定会有好效果，孩子的心像一面明镜，老师的爱会从他们的一举一动中映射出来。我也想说："谢谢你，'小王子'，你的进步也是我的进步！"

"豆包"成长记——教育路上的守望者

文/覃姗姗

　　"豆包"是他的小名，我私下也这样称呼他。刚上班的第一天，他就给我出了个大难题。一群小朋友跑到我的办公室，叽叽喳喳地说起了"豆包"在教室里大哭的事情。这就是"豆包"，一个爱哭的大个子，魁梧的个头下居然藏着这么脆弱的内心。

爱哭的大个子

　　我没有责怪他，而是马上了解事情的缘由。原来是老师在课堂上发现他在玩纸飞机，让他把纸飞机丢进垃圾桶。我让他坐在我身边，他诉说着自己的委屈。他觉得自己受到了冤枉，别人也玩了纸飞机，只有他一个人被老师说了，他觉得很不公平。我耐心地听他说着，没有责备和反驳，只是摸了摸他的头。下课后，我再把他叫到办公室，给了他一个苹果，让他答应我以后遇到事情直接跟我说，不要在教室里面哭。他很高兴地拿着苹果回教室去了。我对全班同学说，今天我给"豆包"奖励了一个"勇气苹果"，因为他答应我以后不生闷气，也不在教室里哭，有什么事情会直接跟老师说。然而这个处理办法并没有收到效果。第二天、第三天、第四天……接下来的每一天，都会有学生突然跑到我的办公室："老师老师，他又哭了。""老师老师，他午餐的时候又一个人冲出教室去了。"每天都有学生跟我说"豆包"在教室哭、在教室生闷气的事情，我用了很多种办法，私下谈话、正面批评、讲故事引导、讲道理、跟他爸爸谈话，各种我能够想到的办法都用上了，可是他照样因为一点小事在教室里号啕大哭。但我没有责怪，依然静静地听他诉说着。

错误地引人注目

爱哭爱生气的"豆包"，还有一个令我棘手之处，他喜欢横躺在走廊上，这令我非常担心。走廊上人来人往，躺在走廊上很容易发生踩踏事故，非常不安全。第一次发现他躺在地上的时候，我大声呵斥了他，告诉他这样很危险，以后千万不要再躺在地上，他默默地点了点头，回到了座位上。下午我去教室，他又躺在了地上。这次我没有批评他，我给他讲躺在地上的坏处，也会让他看起来不帅了，他又回到了座位上。接下来的日子，我还是陆陆续续听到其他老师和同学跟我反映他躺在地上的事情，我很崩溃，我也不可能时时刻刻守着他呀，该怎么办呢？我让班上的两个安全委员专门盯着"豆包"，一看到他躺在地上，就立刻提醒他，如果他不听劝阻，再去办公室叫我。这样似乎好了一点点，但是并没有解决问题。我继续与"豆包"的爸爸沟通，渐渐地，我了解到，他的这些行为可能是为了引起全班同学的注意，让大家关注他。我在班会上说了"做一个不给别人添麻烦的人"，并专门问他对这句话的看法，他有点不好意思。这样的持久战维持了一个多月，我没有想出更好的办法，只是语重心长地给他讲道理，尽量不呵斥他。

听写本去哪里了？

"豆包"是一个慢性子，还经常处于放空状态。他慢，但是有耐心，他爱发呆，但是很有想象力，他的文字很灵动。上课时，我翻开他的听写本，经常是空白的。这样的事情经常发生，他成了我每天提醒的对象。"豆包，你抄笔记了吗？""豆包注意，我们讲到第五题了。"他做事情很慢，每次收拾书包，都要花很长的时间。于是我安排他整理班级的储物柜，希望他能通过整理班级的储物柜，学会整理自己的东西。渐渐地，"豆包"开始提醒班级的同学整理好自己的储物柜了，他提醒他人的同时，不自觉地把自己的东西也整理好了。有一天，他主动跟我提出想当卫生小组长，我答应了他。于是，我发现教室的垃圾桶变得干净了，洗手池发亮了，原来是"豆包"慢慢改变了教室的卫生情况。慢但有耐心的他做好了很多事情，这些事情又成了他改变自己的动力。

说出你的三个优点

我找他谈心："豆包，我发现你有两个突出的优点，是班上其他同学都比不了的。"他很诧异，但是眼睛里面发着光。"第一，你有一个很好的性格。你听过'性格决定一生'这句话吗？你很乐观，覃老师都要向你学习呢。""第二，你很懂得感恩。你把老师对你的好都记在心里。"这次聊天之后，他回家对妈妈说："妈妈，覃老师爱每一个孩子。"他渐渐信任我了。然而光有信任还不够，成就感才能让他真正自信。于是，我和"豆包"约定，我说，他是班上唯一一个有我微信的孩子，让他每天发默写给我看。他答应了。于是，每天放学后，我们有了这样的聊天："覃老师，这是我的默写。""哇，太棒了，等到了你的默写，我就可以开心地睡觉去了。""你真的很厉害，每天都在坚持！""覃老师，我改完了。""今天又是很努力的一天哟。""明天见，期待看到更棒的你！"他开始带着成就感回家了，对语文也逐渐感兴趣了。他说："覃老师，我相信坚持就会有收获的。"一个懂得感恩的孩子，生活渐渐有了充实感。

"爱哭的毛毛虫"变身"小书虫"

最近"豆包"很少在教室哭了，也不见他生闷气了，每次下课，他都捧着书，津津有味地读着，我不清楚他是从哪一天开始变化的，甚至不清楚他是因为什么而改变了。渐渐地，我发现他的座位底下的垃圾变少了，我课上讲过的题，他也能跟着大家一起做了。班干部在做班务汇报的时候，都表扬了他。他的爸爸很高兴地跟我分享"豆包"的进步，我们同时发了三个大哭的表情，他终于有进步了。我让他当领读员，鼓励他讲神话故事，请他分享自己钓鱼的经历。没有每天的耳提面命，只是静静地倾听，耐心地鼓励，他真的慢慢开始改变了。有一次课间操的时候，"豆包"突然对我说："老师，你今天是不是不高兴呀？"原来他是一个很暖心的孩子。他在作文中写道："覃老师就像我的大姐姐一样，她总是温和地跟我讲道理。"原来我讲的话，他不是没有听，原来我对他每一次的关心和叮嘱，他并不是没有听。平时的一点一滴，他其实都能感受到，只是我太心急，我急于想看到他的变化，我甚至忘记了鼓励和陪伴的作用了，而他却在我不经意间慢慢改变了。也许"豆包"还会继续坐在地上，有一天他又会大哭起来。但是只要他有进步，我便会继续守望着，我相信每一次的鼓励都会在未来的某一天得到回应。

所有的播种，总会在某一天你回头的时候，开出一朵朵花来，只是你现在未必知道，甚至未必相信。而教师，必须是一名守望者，要相信种子，相信"穿过幽暗的岁月"后，所有的种子都能开出美丽的花朵。在"豆包"身上，我再次相信守望的力量。且吟且行，做好教育路上的守望者，用爱心与信任守望，用责任与担当守望，用耐心与坚韧守望，相信我们一定会遇见别样的景致与奇迹。

在自己的季节绽放

文/李楠

如果将每个学生视为等候被唤醒的"种子",那教师需要做的,就是为种子的生长做好充分的准备和酝酿,为他们提供适合的土壤、水温、养分等条件,一旦时机成熟,"种子"自己会破土而出,长成他们自己理想的模样。

每个孩子都是一粒种子

刚刚接手新班时,我的心里十分忐忑,第一次见面给学生留下的第一印象很重要,我要怎么平稳接班呢?果然,我的担心不是没道理。

开学第一课,我面带微笑向孩子们做自我介绍,突然一个男生大声嚷了一句:"老师,我讨厌你。"全班学生在下面哈哈大笑,似乎被这句话逗乐了,一边笑一边瞪大眼睛看我的反应,我好奇地看向那个跷着二郎腿,转着圆珠笔,冲我一脸坏笑的孩子,看到他的表情,我就知道他是故意的,他十分清楚这句话的破坏力。如果跟这个"小调皮"较真,我的第一次师生见面会算是砸了。于是,我不再看他,冲孩子们撒娇说:"他太残忍了吧,第一次见我就这么抵触,就像网上买东西,还没拆开快递就要退货,还不了解李老师是一个多么幽默、温柔、善良的人，就讨厌我，我真是比窦娥还冤呢！"全班学生哄堂大笑，孩子们的注意力马上又回到了我身上，我听到孩子们在下面小声嘀咕，"这个老师可真自恋。""还没拆开快递就要退货，太搞笑了吧，哈哈。""窦娥是谁啊？"

随后，我结合开学第一课"感恩逆行者"的教学内容，引导学生回忆老师们的工作，孩子们一个个化身护花使者，"老师们这么辛苦，怎么能说伤人的话，快道歉。"没有孩子再认为这句话好笑，一个个义愤填膺地看着那个"小调皮"——小文。小文大概觉得这次博人眼球的行为没有成功，也不吱声了。

这次小风波让我认识了小文，也让学生们以一种特殊的方式认识了我。通过观察，我发现小文很聪明，但他的精力都放在了"搞破坏"上，课间带着同学上蹿下跳，用语言攻击同学，将同学关系搞得一团糟，他仿佛有无限的精力在教室里折腾。而对于老师的表扬与批评，他也是毫不在意。但我发现，他喜欢跑步，操场上经常见到他一阵风似的身影。

"要不，我们报名学校的田径队吧？"在老师和家长的支持下，小文通过选拔成了学校田径队的一员。不久，一身红色的队服，一双炫酷的碎钉鞋，成了小文的新形象。

学生不是石头，能由着老师随心所欲地按照自己的想法雕刻，每个孩子都是一粒种子，等待着被唤醒，唤醒学生对真、善、美的渴求，对知识、公正、自由的向往，对改变、提升自我的内在精神需求。

种子萌发都有不同的时期

当小文找到自己的兴趣爱好，他求知的欲望也随之增强了。语文课上，经常看到他认真思考的样子，小组合作时，也能与组员和谐沟通，课间还能见到他抱着图书角借来的课外书用心阅读的身影。但孩子的发展也处于未完成的状态，总是反复无常，会出现新的教育契机。

"咦，你今天不是有田径队的训练吗？怎么还坐在这儿？"我问。

"不想去。"小文一脸不耐烦地说。

马上就要上课了，为了不影响课堂教学的秩序，我没有再多说什么。下课后，我把小文叫到跟前，刚开始，这个经常把"任性"当"个性"的男孩一脸无所谓大声嚷嚷道："就是不想去。你别问那么多了。"我牵着他的手，耐心追问了好一会儿，这个倔小子才坦白，原来他有一次训练没去，第二次再去时，教练问了他旷课的事情，他听不得老师批评，没说两句就跑了。

我给他分析了可能会发生的最坏的结果——退出校队，刚才还满不在乎的脸蛋出现了一丝害怕，短暂停了三秒，他又恢复如常，笑着说："不会的，我已经想好了，下次训练好好听话，我确实有几次没好好发挥出我的实力。"我继续示弱道："你可千万得保住校队的名额，马上就运动会了，校队成员可以报两个项目，我们班不就能得两块金牌了吗？"他认真听完，拍着胸脯跟我保证以后好好参加训练，那灿烂的笑脸，尽管缺了一颗门牙，也抵挡不住眼里冒出的光。

没承想，第二天，校队公布的名单就没有他的名字了，我把名单拿给他看："你看，对待喜欢的事情是不能敷衍的，很多事情你不珍惜，就再也没有第二次机会了。"他一脸的不可置信，也不跟我犯倔了，仿佛一下被抽掉了所有的力气。接下来的几天，走廊上再看不到他蹿上蹿下的身影，语文课上也听不到他偶尔"杠精上身"的言论，偶尔看过去，只见他一个人趴那儿发呆，仿佛在思考着很严肃的问题。

学校运动会开始了，有他最擅长的跑步项目，一整天，他像只猴子围着我上蹿下跳，一会儿拉着我讲个不停，一会儿又跟同学们吹牛，忙得不亦乐乎。比完两项，他满脸汗水走过来对我说："李老师，我拿了两块金牌，您觉得，校队老师看到我这次的成绩，会不会来找我？"原来，这次这么拼命跑，是想着再进校队呢！我扭过头看着他的眼睛，紧张、期待，果然还是个孩子呀，嘴上说得再厉害，心里还是在乎的。我想了想，告诉他："如果我是你，运动会结束了，我就主动去找老师道歉，如果老师不同意，那也得谢谢老师平时辛苦的指导。""我就这样去，觉得挺没面子的。"他一脸窘迫地看着我，"要不，您陪我去？""也行，但是我不帮你说好话，男子汉自己做错的事，自己去承担后果，不管成不成功，以后要记住，喜欢的事情不要轻易放弃。"就这样，小文再一次加入了校队，失而复得才更显珍贵。

今年区里的运动会，小文获得了男子400米第二名的好成绩。了解种子发芽开花的"花期"，有耐心地长久等待，让种子在合适的季节绽放，是老师对孩子最深情的告白。

苏霍姆林斯基曾说："能激发自我教育的教育，才是真正的教育。"让学生拥有强烈的求知向上的内驱力，唤醒每一个孩子心中的潜能，帮助他们找到隐藏在体内的特殊使命和注定要做的那件事。一旦孩子认识到自己未来将成为什么样的人，就会从内心激发出无穷的动力去努力实现自己的目标。相信每个孩子都是一粒种子，都能在属于自己的季节里绽放。

"老师，我是个坏人！"

文/王婷

　　刚接手新班、担任辅导员，一进教室，一个独特的孩子吸引了我，已经上课了，他一个人站着大声吼叫，我想他就是班主任提过的小轩同学。

　　"小轩，上课了，赶紧坐下，做好课前准备哦！"尽管第一次见面跟我不熟，他还是很给面子地坐下了。这时班上的其他孩子说道："老师，你对他太温柔了，我们班老师都对他很凶的。因为他有多动症，经常打人，还扰乱课堂纪律。"

　　果不其然，跟我熟了之后，他越来越放肆，一次午托时间，他在教室里跑前跑后，跟几个同学打架，我的好脾气被消磨完了，大声叫着："小轩！你出去，我们班不欢迎你！"他耷拉着脑袋走出了教室，因为怕他情绪激动，我一直用余光观察他。只见他好不容易挤出了几滴眼泪，可怜兮兮地说："王老师，我去医院检查了，医生说我根本不是多动症，我是故意使坏的，我是个坏人！"

　　看他这个可怜样，我刚才的怒气全消了，轻轻地对他说："王老师从来没觉得你坏，刚才批评你是因为你的行为严重影响了他人，大声吵闹让同学们不能学习、不能休息，你平时表现好的时候我也表扬你了，不是吗？"他使劲地点点头，见他已经认识到自己的错误，我请他回座位，并与他约定，如果他表现好，我就给他爸爸发短信表扬他。果然，剩下的半个小时里小轩都很安静。下课后，我把他叫到我面前看着我发短信，还把短信内容念给他听，他喜滋滋的。

晚上放学，我遇到小轩奶奶气呼呼地说要进学校找领导反映情况，我拦住了她，在与小轩奶奶的交流中，我了解到小轩之所以有目前这样的表现，有几个原因：一是爸爸平常对他的管教以打骂为主，家人给他的陪伴不多，造成了小轩不会沟通、直接动手打人的毛病；二是有老师曾经在班上提醒孩子们，小轩有多动症，要离他远一点；再加上他自己比较冲动易躁，导致同学们疏远他，他内心很孤独，所以通常用大吼大叫的方式来吸引同学们的注意。

知道了原因就好办了。我先与班主任老师进行了沟通，我们达成共识：一起帮助小轩成长。我在全班表扬了小轩的优点，帮助他树立自信，也让同学们全面地认识小轩。我依然坚持给小轩爸爸发表扬信，虽然他爸爸从来没回复过我，但我相信短信的内容他都看了。在日常的托管时间，我看他爱看书，每次托管就为他带来精心挑选的书籍，托管时间他安静多了。除此之外，我还关注他日常与同学的沟通情况，有做得好的地方我立刻指出来，并在全班表扬，处理得不当的地方我也会教他应该怎样做。这一个月来，我能感受到他的进步，我们的默契也增加了许多，有时候不需要我多说，一个手势一个表情他就能明白我的意思。

一个孩子的性格养成受很多因素的影响，长期存在的问题也不会因为几件事几句话就彻底改善，希望在我和他相遇的这段时光里，我能成为他的良师，可以为他的成长带来一些光亮。

起 风 了

文/何霞玲

炎热的夏天来了。

"孩子们，都热惨了吧！"看着教室角落蹦着跳着围着空调的孩子们，我的嘴角不自觉地上挑。

离孩子群较远的教室角落里正坐着一个低着头、用作业本悄悄扇风的孩子，是小黄同学。他光洁的额头上正淌着豆大的汗珠，看得出来，他也很热，却闷不吭声地想变成一只"小透明"。

我悄悄地走到他的身后，抽出他身旁座位的椅子，这一举动让他像一只受惊的小兽，猛地朝远离我的方向缩了一下，发现是我，又不自觉地向我这边挪了挪屁股。

"何老师好。"他闷闷地向我打了声招呼便不再言语。

我从口袋里掏出卫生纸，擦了擦他额头和鼻尖上的汗珠。

"小黄同学，怎么闷闷不乐呀！"看他不自觉地低着头，我摆正他的小脸，让他直视我的眼睛。

"没有……"他嘴唇翕张，眼神左右飘忽，但就是不肯看向我。

"小孩子不能撒谎哦！"我看出这孩子显然心里藏着事，便开口道："老师喜欢诚实的孩子，跟老师说说吧，老师帮你保守秘密。"

他思考了一会儿，像是下了很大的决心，才凑到我的耳边悄悄地说："何老师，我觉得我没有一点优点，学习也一般，刚才体育课踢足球也踢不好，也不会交朋友，好像大家都不太愿意跟我玩。"

看着他哭丧着小脸，我揉了揉他的小脑袋，微笑看着他说："既然你告诉了我你的秘密，那老师也告诉你一个秘密。"

看着围着空调的孩子们，我走上讲台拍了拍手："都回座位坐好啦，下节课我们开展一个活动！"

"哇哦！老师老师，是什么活动呀？"

我假装眉头一皱，清了清嗓子。

孩子们立马安静下来挺直腰板，像鱼儿在湖面探头，希望能引起我的注意。

"大家都很热，都吹着空调，我刚才看小戴同学在不停地调低温度，小蔡同学你刚才把遥控器拿过去了不给小戴，我能问问是为什么吗？"

小蔡立马起身："因为空调温度太低会产生更多的二氧化碳，从而加剧温室效应！我们凉快了，但是地球妈妈可没有空调吹，她也很热呀！"

我点了点头，示意小蔡坐下。

"小蔡同学说得很对，我们要学会保护环境，不然地球会变成《西游记》中的火焰山那样的。"

小戴从座位上弹起来："那我要去找铁扇公主借芭蕉扇，我要给地球妈妈多扇风，这样我们就凉快了！"

"好，既然小戴同学这么踊跃，那我们接下来的活动……"我思索了一下，"小戴、小蔡，你们上台来。"

看着小戴大大咧咧地拉着小蔡上来，我开始编故事："现在地球妈妈变成了炎热的火焰山，我来当铁扇公主，你们要想办法给地球妈妈降温哦！"

小戴挠了挠头："何老师你最漂亮了，你能把芭蕉扇借给我吗？"

我假装伤心地叹了口气，"天干物燥，这些年来因为人类过度排放二氧化碳等气体，又过度开采树木，导致温室效应加重，山火频发，我的扇子频繁工作，已经罢工了！"

"啊？那咋办啊。"小戴又挠了挠头，没想到或这么说。

小蔡在一旁想了想，仿佛想到了什么："老师，我们可以请外援吗？"

我略带欣慰地点了点头："当然可以！"

小蔡噔噔两步就跑到了教室最后面，跟小黄说了几句悄悄话，对小黄比了个拜托的手势。于是小黄扭捏地跟在小明后面上了讲台，耷拉着个脑袋。

小蔡骄傲地对我说："老师，小黄他特别厉害，之前劳动比赛获了奖，还会做风力发电的机器，他以后一定能当大科学家的！我拜托小黄用科学的方法做一把超级超级大的芭蕉扇，这样我就能给地球妈妈降温啦！"

班上的同学依次附和："是呀老师，小黄他很厉害的，上次劳动比赛，小黄的风力发电作品有几个创新点。我相信他一定能获奖！"

听到大家对他的称赞，小黄脸蛋红扑扑的，也不知是激动还是羞涩，眼睛里有光了。"校园里落下一粒种子，花是我的绽放，叶是我的舒展！"我脑海里浮现出这句小诗。

几天后，我又走进了教室，这次迎接我的是小黄同学制作的"风力发电机"，我笑着说："太棒了，你们成功啦！这个'风力发电机'不仅能熄灭火焰山的火，还能照亮芭蕉洞呢！还能推动红孩儿的风火轮，哈哈！"

又过了些时候，我们推出了班级情景剧《起风了》，小黄成为第一个人物原型，而导演就是小戴和小蔡同学，本班和其他班级的同学争先恐后地用"谷拾积分"或"谷拾券"来兑换情景剧门票。《起风了》演出了一次又一次，成为学校进行生态教育的经典之作，小黄也成了班级的小明星。

我拍了拍小黄的肩膀，看着他闪烁着光芒的眼睛，低下头悄悄地对他说："这就是老师想告诉你的秘密，你有自己的长处，同学们也很喜欢你，希望你能更自信一点，你真的很棒！"